Das Buch

Kinder mit Lern- und Teilleistungsstörungen zeigen sehr spezifische Beinträchtigungen ihrer physischen, psychischen, geistigen und emotionalen Leistungsfähigkeit, die sich zu einem individuellen Gesamtbild zusammenfügen. Die reine Behandlung ihrer Symptome durch Spezialisten, die keine Rücksicht auf das Gesamtbild nehmen, ist zeitaufwändig und nicht sehr effektiv, da das Netzwerk, in dem sich die Störungen befinden und entwickeln, außer Acht gelassen wird. An diesem Punkt setzt die von Mark O. Mathews in England entwickelte Sunflower-Therapie an.

Gerhard Otto, ärztlicher Leiter des Sunflower-Therapiezentrums in Essen, stellt in seinem Buch die theoretischen Grundlagen der Therapie vor, vermittelt durch zahlreiche Fallbeispiele aber auch einen lebendigen Eindruck von der eindrucksvollen Wirkung der Therapie bei Kindern mit Lern- und Teilleistungsstörungen.

Der Autor

Dr. med Gerhard Otto, Facharzt für Allgemeinmedizin, Chirotherapie, Naturheilverfahren, Homöopathie, ist seit 1984 in eigener Praxis in Essen tätig. Ausbildungen in TCM und Akupunktur, Osteopathie und Craniosakraltherapie, Applied Kinesiology, Sunflower-Therapie und Learning Enhancement Advanced Program (LEAP).

Praxisschwerpunkte: Naturheilverfahren, ganzheitliche Regulations- und Komplementärmedizin, Chirotherapie, Schmerztherapie, Behandlung von Lern- und Teilleistungsstörungen.

Seit 1999 ist Gerhard Otto ärztlicher Leiter der Privatklinik Lindenallee und des Sunflower-Therapiezentrums in Essen

Gerhard Otto

Lernen mit Sunflower©

Wie Kinder mit Lernstörungen
erfolgreich die Schule meistern

Der Allitera Verlag ist ein BoD™ Verlag der Buch & medi@ GmbH, München. Dieser Verlag publiziert ausschließlich Books on Demand in Zusammenarbeit mit der Books on Demand GmbH, Norderstedt, und dem Hamburger Buchgrossisten Libri. Die Bücher werden elektronisch gespeichert und auf Bestellung gedruckt, deshalb sind sie nie vergriffen. Books on Demand sind über den klassischen Buchhandel und Internet-Buchhandlungen zu beziehen.

Weitere Informationen über den Verlag und sein Programm unter:
www.allitera.de

Oktober 2001
Allitera Verlag
Ein BoD™ Verlag der Buch & medi@ GmbH, München
© 2001 Gerhard Otto
Umschlaggestaltung: Kay Fretwurst
Herstellung: Books on Demand GmbH, Norderstedt
Printed in Germany · ISBN 3-935284-34-9

*Meiner Frau Barbara
und meinen Kindern Sebastian
und Anna-Maria,
die so oft auf meine Anwesenheit
verzichten mussten.
Meinem Sohn Johannes, der mich während der
Ausbildung oft begleitet hat.
Mark und Charles,
die ihr Wissen weitergegeben haben.
Und allen Kindern, deren Erfolge mir zeigen, dass
wir auf dem richtigen Weg sind.*

Inhalt

Vorwort   9

Einleitung   11

1 Das Gedächtnis, dein unbekanntes Wesen   15
    Unterschiedliche Lernstörungen   15
    Das Gedächtnis als Grundlage des Lernens   19
    Funktionsstörungen des Gehirns
    und ihre Auswirkungen bei Kindern   21

**2 Die Sunflower-Therapie in der Biografie von
Mark O. Mathews**   25
    Erfahrungen und Konsequenzen   26
    Wie ging es weiter?   27
    Mein Lebensplan   28
    Die ganzheitliche Sichtweise – eine Vision?   29
    Vorbeugen ist besser als Heilen   30

3 Die Problematik der Lernschwierigkeiten   31
    Stellenwert und Umfang der Störung   31
    Die Eltern   31
    Die Kinder   32
    Die Störung   33
    Die Behandlung   33
    Die landläufige Beurteilung   34
    Wie sieht die Therapie aus?   34
    Das ganzheitliche Behandlungskonzept   35

4 Ursachen für Lernschwierigkeiten   36
    Welche Rolle spielt der Bewegungsapparat?   36
    Welche Rolle spielt der Stress?   37
    Welche Rolle spielt die Ernährung?   37
    Welche Wirkung hat negativer Stress auf die Augen?   40
    Wie reagieren die Nebennieren auf anhaltende Belastung?   40

**5 »Many and various are the kinds of fish that inhabit
this pool« oder »Jeder Fall liegt anders«**   42
    Lernschwierigkeiten verstehen   42
    Die übergeordnete Bedeutung des vernetzten Nervensystems   43
    Wie die Sunflower-Therapie funktioniert (Fallgeschichten):   44
    Peter   44
    Jonathan   46

Simon	46
Joan	48

6 Die Grundlagen der Sunflower-Therapie — 52
  Anmerkungen zur Behandlung — 55
  Teilleistungsstörung als Zeichen einer gestörten Balance — 57
  Verbesserung des Ernährungsstatus — 59
  Neuro-linguistische Programmierung *(NLP)* — 60
  Erfahrungen mit Akupunktur und Akupressur – das Ganze sehen — 61

7 Lernschwierigkeiten und die Sunflower-Therapie – eine englische Pilot-Studie — 63
  Misserfolg in der Schule muss nicht sein — 63
  Die Pilot-Studie – Einführung — 63
  Ergebnisse hinsichtlich des Wertes der Sunflower-Therapie bei Kindern mit Lernschwierigkeiten — 64
  Verbesserungen bestimmter Fähigkeiten — 65
  Fragebögen — 67

8 Die Förderung der Selbstheilungskräfte — 69
  Das ganzheitliche Behandlungskonzept — 70
  Einführung in die Applied Kinesiology — 71
  Behandlung und Therapie — 73
  Das Dreieck der Gesundheit — 76
  Wirknachweis der Applied Kinesiology — 77
  Möglichkeiten und Grenzen der AK — 78
  Wer kann Applied Kinesiology praktizieren? — 79
  Applied Kinesiology und konventionelle Medizin? — 79

9 Wie verläuft für Ihr Kind die Sunflower-Therapie? — 82
  Erste Einführung in die Sunflower-Therapie — 82
  Ablauf der Untersuchung und Behandlung — 82

Anhang — 92
  Allgemeine Ratschläge – nicht nur für Eltern von Kindern mit Lernstörungen — 92
  Das Kind an die Eltern — 97
  Die Bedeutung von Wasser — 99

Berichte von Kindern und Eltern über die Sunflower-Therapie — 101
  Abkürzungsverzeichnis — 113
  Bibliografie — 114

Vorwort

Jeder von uns wurde im Laufe der Zeit schon mehrfach mit den Folgen von Lern- und Aufmerksamkeitsstörungen konfrontiert: eine abgebrochene Schulkarriere, endlose Nachhilfestunden, Ärger in der Schule, Probleme mit den Lehrern, letztendlich Scheitern im Beruf. Diese und viele andere Folgen von »Teilleistungsstörungen« kennen wir alle aus eigener Erfahrung.

Wie kam ich zur Sunflower-Therapie?

Schon während meiner Weiterbildung zum Facharzt für Allgemeinmedizin beschäftigte ich mich mit Alternativen zur so genannten Schulmedizin. Angeregt wurde diese Suche durch die Geburt unseres ersten Kindes Sebastian. Die Erfahrung in der Praxis zeigte, dass meiner Meinung nach unter anderem viel zu schnell und unverhältnismäßig oft mit Antibiotika oder anderen chemischen Medikamenten therapiert wurde. Musste das so sein? Wir wollten unser Kind als ganzheitlich denkende Mediziner aber möglichst ohne ständige »chemische Keulen« aufwachsen lassen. Zwangsläufig ergab sich daraus die Beschäftigung mit alternativen Therapieansätzen.

In der Zwischenzeit kamen unsere Kinder Anna-Maria und Johannes auf die Welt, und unser Jüngster zeigte bald Entwicklungsverzögerungen und schließlich Zeichen von Aufmerksamkeitsdefizit-Syndrom *(ADS)* und Legasthenie. Die Beschäftigung mit dieser Problematik zeigte mir sehr schnell, dass es zwar viele Forschungen, viele verschiedene Testmethoden, viele unterschiedliche Trainingsmethoden, aber kaum Ansätze zur eigentlichen Behandlung des Problems gab. Keine der angebotenen »Hilfen«, von gut gemeinten Ratschlägen bis hin zum Förderunterricht in der Schule – letztlich nur eine Verlängerung der Schulstunden –, konnte mich in ihrem Ansatz und im Ergebnis recht befriedigen.

Dieses Buch habe ich geschrieben, um die Sunflower-Therapie zu erklären, bekannt zu machen, die Unterschiede zu den vielen auf dem Markt angebotenen Trainingsmethoden aufzuzeigen und die ständigen Fragen der Eltern und Lehrer der von mir behandelten Kinder zu beantworten. Das Buch basiert in seinen

Grundzügen auf den Veröffentlichungen von Mark O. Mathews, der als Begründer der Methode bezeichnet werden kann, vor allem auf seiner Publikation *The Sunflower Method* (s. Bibliografie). Ergänzend berichte ich von eigenen, in die Behandlungsstrategie integrierten Forschungsergebnissen.

Ich hoffe mit diesem Buch ein wenig zur Erklärung der für viele vielleicht etwas ungewohnten Behandlungsansätze beitragen zu können. Auch wenn das Buch teilweise aus dem Englischen übersetzt ist (das betrifft die Kapitel 2, 3, die Fallgeschichten aus Kapitel 5 und Kapitel 7) und sich die speziell englische Situation nicht ohne weiteres auf deutsche Verhältnisse übertragen läßt, gibt es doch viele Erkenntnisse und Überlegungen, die sich ohne weiteres verallgemeinern lassen. Auch in Deutschland leiden ca. 10% der Schüler unter Teilleistungsstörungen. Unterstützung finden die Kinder hierzulande bisher bei Nachhilfeinstituten, Psychologen, Ergotherapeuten, Sonderschulen, Jugendämtern etc. Leider werden Teilleistungsstörungen nicht als Krankheit anerkannt, und die Behandlung von Lernstörungen fällt je nach Bundesland in einen anderen Zuständigkeitsbereich.

Inzwischen gibt es in England den Sunflower Trust, eine gemeinnützige Stiftung zur Verbreitung der Methode, zur Förderung wissenschaftlicher Arbeiten auf diesem Gebiet sowie für die Kontakte mit amtlichen Stellen. Diese Stiftung in Form eines gemeinnützigen Vereins gibt es auch in der BRD mit den gleichen Zielen. In Zukunft ist die Ausbildung von Therapeuten und der Aufbau weiterer Therapiezentren geplant, um es möglichst vielen Kindern zu ermöglichen, in den Genuss einer Behandlung und dadurch verbesserter Zukunftsaussichten zu kommen.

Gerhard Otto

Kontaktadresse:

Sunflower Trust Deutschland e.V.
Lothringenstr. 6 B
45259 Essen

Fax: 0201/46 75 04
www.sunflower-therapie.de

Weitere Informationen unter: www.lernstoerung.com

Einleitung

Es war einmal – so fangen alle Märchen an – ein kleiner Junge, der als Jüngster von drei Geschwistern vor 13 Jahren geboren wurde. Die ersten drei Jahre seines Lebens verliefen glücklich und unbeschwert. Aber ... er wollte nicht anfangen zu sprechen. Durch ständige Schnupfeninfekte saßen seine Ohren zu und er konnte deshalb nicht richtig hören. Der liebe Schulpsychologe bescheinigte gute Intelligenz und der liebe Ohrendoktor legte Paukenröhrchen. Aber der kleine Knirps lernte immer noch nicht zu sprechen. Konnte er nicht oder wollte er nicht? Im Kindergarten hatte er ein liebevolles behutsames Umfeld, aber er war sehr, sehr schüchtern. Ab und zu verkroch er sich unter einen Tisch und im Kinderkreis wollte er nicht spielen oder agieren. Er war sehr anlehnungsbedürftig. Mit seinem Vater konnte er stundenlang handwerkeln, Feuerholz sortieren, Nägel einschlagen, beim Kochen half er leidenschaftlich und ausdauernd. Um seine Sprachfähigkeit zu entwickeln, ging er zwei Jahre regelmäßig in eine Sprachschule, und um seine Denkaktivität zu steigern, lernte er früh und ausdauernd schwimmen. Da die sprachlichen Fähigkeiten sich nur sehr langsam entwickelten, bemühten sich die Eltern des kleinen Jungen um eine schulische Zurückstellung. Als das Kind schließlich in die Schule kam, war es siebeneinhalb Jahre alt.

Der Junge fand eine außerordentlich verständnisvolle Lehrerin, die von Anfang an in die Schwierigkeiten eingeweiht wurde. Außer weiteren sportlichen Anreizen wie beispielsweise dem Tennisspiel wurden im ersten Schuljahr keine weiteren pädagogischen Hilfen hinzugezogen. Der kleine Junge ging mit seinen Mitschülern sehr liebevoll und umsichtig um, war aber weiterhin außergewöhnlich schüchtern. Sollte er etwas erzählen, etwas vortragen, von einem Erlebnis berichten, krabbelte er nach wie vor bevorzugt unter einen Tisch, was seine Lehrerin mit großer Hilflosigkeit hinnahm. Im zweiten Schuljahr lag er mit seiner Leistung so weit hinter seinen Mitschülern zurück, dass er am Förderunterricht der Klasse teilnahm. Diese Extra-Schulstunden waren aber auch keine Hilfe. Das war der Moment, als die Eltern nach Behandlungsmöglichkeiten suchten.

Das Kind wurde zuerst von einem Lerntherapeuten aus München mit der Methode der Edu-Kinestetik und der Applied Kinesiology *(AK)* untersucht und behandelt. Das führte zur Verordnung einer Lese-Hilfs-Vergrößerungsbrille und zu einer weiteren Behandlung durch eine auf Kinder spezialisierte Osteopathin in England. Ausgesprochen gerne fuhr der Junge mit seinem Vater nachts durch den Tunnel zu der in Südengland niedergelassenen Therapeutin und ließ von Anfang an geduldig die Behandlung über sich ergehen, was sich bis heute nicht geändert hat, so als hätte er immer gespürt, dass es für ihn etwas Hilfreiches und Gutes ist. Schulisch änderte sich merklich das Verständnis für Zahlen, die Vorstellung von Mengen, die Zuordnung von Zeitverhältnissen: was ist geschehen, was war gestern, was passiert heute und jetzt und was könnte in die Zukunft gelagert sein.

Trotz dieser Behandlung und Unterstützung wurde der Abstand zur Leistung seiner Mitschüler immer größer. Lernen wurde zur Schwerstarbeit, Üben zum Kampf. Immer häufiger reagierte der Junge auf Anforderungen mit unkontrollierbaren Wutanfällen. »Brummibock«, so wurde er in so einem »Zustand« von der Familie genannt. Durch Zufall wurde dann der Vater auf die Therapie von Mark Mathews für lerngestörte Kinder aus England *(Sunflower-Therapie)* aufmerksam. Fast zeitgleich lernte er durch ein spannendes autobiografisches Buch den Wissenschaftler und Therapeuten Charles Krebs aus Australien kennen. Charles Krebs hat aus seiner eigenen Lebensgeschichte und seiner Arbeit mit lernbehinderten Kindern einen eigenen Zugang zur Behandlung gefunden *(LEAP-Therapie)*. Auch die LEAP-Therapie verwendet den AK-Muskeltest zur Diagnosefindung und ganzheitliche Behandlungsverfahren aus der Komplementär-Medizin (Körper-Geist-Medizin). Der Vater begann die Ausbildung in diesen beiden Therapierichtungen und nahm seinen Sohn dazu mit. Viele Wochenenden lernte u.a. eine ganze Gruppe Therapeuten mit dem Jungen als Demonstrationspatient. Aufgrund der liebevollen Zuwendung und dem Zartgefühl beim Umgang mit seinen Problemen war der Junge ausgesprochen geduldig und ließ alles wohlwollend über sich ergehen. Er war sich wohl seiner Wichtigkeit bewusst.

In der Schule machte er jetzt große Fortschritte, dennoch konnte er bis zum Abschluss der vierten Klasse den klaffenden Leistungsunterschied nicht mehr aufholen.

Vater und Sohn schlossen die Therapie zum einen als ausgebildeter Sunflower- und LEAP-Therapeut, zum anderen als konsequent behandelter Patient ab. Auf Grund der immensen Entwicklungssprünge wurde der Junge auf einem Gymnasium angemeldet, wo er mittlerweile die sechste Klasse besucht. Von

Halbjahr zu Halbjahr erreicht er eine bessere Benotung. Seine sprachliche Ausdrucksmöglichkeit ist von Gleichaltrigen nicht zu unterscheiden, er meldet sich freiwillig zu Referaten, er hat ein großes Organisationstalent, lernt sehr strukturiert, ist sehr stolz auf sich ... und besucht regelmäßig an freien Tagen seine alte Grundschullehrerin, der er hilft, die »neuen« Kinder zu unterrichten. Sie lieben ihn, und seine Lehrerin hat mit ihm ein Abkommen, dass er sich mit dem Lernen beeilen soll, um sie möglichst bald abzulösen.

Das Leben ist schön, die Schule macht Spaß!

Seinem Vater gibt er mittlerweile für die behandelten Kinder Ratschläge: »Sag deinem Patienten, bevor er anfängt zu lernen, soll er eine Minute seinen Kopf ganz leer machen und an nichts denken, dann gehen die neuen Sachen besser rein, ich mach das auch so«. Sein Kommentar zu seinen letzten Leistungszwischenberichten: »Papi, wenn ich jetzt jedes Mal eine halbe Note besser werde, hab ich bald nur noch Einser.« Und wenn nichts mehr dazwischen kommt, werden seine Wünsche in Erfüllung gehen.

1 Das Gedächtnis, dein unbekanntes Wesen

Während meiner Weiterbildungszeit zum Facharzt für Allgemeinmedizin beschäftigte ich mich bereits mit den Naturheilverfahren und der komplementären Medizin. So bekam ich während meiner unfallchirurgischen Ausbildung in der Klinik Bergmannsheil in Bochum Kontakt zur Chirotherapie, die mich als Behandlungsmethode faszinierte. Ich durchlief die Ausbildung und wurde selbst Lehrer für manuelle Medizin. Durch Kontakt mit Kollegen lernte ich während dieser Zeit die Osteopathie kennen – einen weiter gehenden Therapieansatz zur Behandlung von Störungen des Bewegungsapparates aus den USA – und die Craniosakrale Therapie – ein Behandlungsprinzip, das die Beweglichkeit der Schädelknochen und des Kreuzbeins in sich und zueinander berücksichtigt. Zuletzt wurde mir die Beschäftigung mit der Applied Kinesiology sehr wichtig und wertvoll und führte schließlich zur intensiven Beschäftigung mit der Behandlung von Lernstörungen.

Die weitere Suche nach einer Möglichkeit, die unter dem Oberbegriff »Teilleistungsstörungen« zusammengefassten Defizite behandeln zu können (Ansätze in der Applied Kinesiology und Osteopathie waren schon ganz viel versprechend, aber noch nicht befriedigend genug), führten mich dann zu Sunflower-Therapie und LEAP-Therapie.

Grundlage unseres heutigen neuartigen Therapieansatzes in der Sunflower-Therapie ist der Versuch, die Gehirnintegration und damit die Wahrnehmungs- und Verarbeitungsmöglichkeiten teilleistungsgestörter Kinder wiederherzustellen oder zu verbessern. Die teilweise unglaublichen Erfolge durch diese Therapie und die neuesten Forschungsergebnisse in der Neurologie und Neurophysiologie bestätigten die Richtigkeit des Therapieansatzes.

Unterschiedliche Lernstörungen

Schwierigkeiten mit dem Erlernen geistiger Fähigkeiten sind seit über 100 Jahren bekannt. 1877 wurde erstmals eine Person beschrieben, die bei voll erhaltener Sprache und Sehfähigkeit nicht in der Lage war zu lesen. Man nannte die Erscheinung »Wortblindheit«.

Der Ausdruck »Dyslexie« wurde 1887 geprägt. 1895 wurden

Studenten untersucht, die nicht lesen lernen konnten, und man nahm an, dass der Grund dafür in einer Zerstörung von Teilen des Gehirns liegt. Ähnliche Lesestörungen (*Legasthenie*) entstehen nämlich, wenn durch Unfall oder Operation relevante Gehirnteile zerstört werden. Dieses Denkmodell setzte die angeborene mit der erworbenen Leseschwäche gleich.

Zwischen 1920 und 1930 wurde diskutiert, dass Lernschwierigkeiten nicht auf anatomischen Zerstörungen, sondern auf Entwicklungsverzögerungen der entsprechenden Hirnareale beruhen. Diese Thesen wurden dann bis in die 60er Jahre weitgehend ignoriert, bis der Aufschwung der Neurophysiologie und Neuropsychologie dazu führte, die These der Dysfunktion wieder mit neuem Interesse zu verfolgen. Heute tendiert die Forschung dazu, die Ursache für Leseschwierigkeiten sowohl in anatomischen als auch funktionellen Problemen zu sehen. Erst 1963 wurde der Ausdruck »Lernschwierigkeiten« geprägt.

Die Definition von Lernschwierigkeiten im Sinne neuester Forschungen bezieht viele verschiedene Störungen, von der Dyslexie bis hin zum Aufmerksamkeitsdefizitsyndrom mit und ohne Hyperaktivität (*ADD* und *ADDH*), ein. Noch weiter gehende Definitionen umschließen noch wesentlich weiter gefasst auch körperliche Probleme wie Unbeholfenheit und Koordinationsstörungen.

Die neuere Forschung betrachtet Dyslexie als ein generelles Lernproblem und nicht nur als ein Sprachproblem. Der Ausdruck Dyslexie ist im Diagnosestandard (*DSM IV*) nicht mehr definiert, obwohl er in der Literatur noch häufig verwendet wird. Er wurde ersetzt durch den Ausdruck »Lernstörungen« und schließt damit in der Definition »eines anhaltenden Musters von Unaufmerksamkeit und/oder Hyperaktivität-Impulsivität, die über das normale Maß des Entwicklungsdurchschnittes hinausgeht« die verschiedenen Arten von der Dyslexie bis zum ADD mit ein. Die Testergebnisse dieser Individuen weichen bei standardisierten Lese- oder Rechentests um mehr als zwei Standardabweichungen vom Altersdurchschnitt ab, auch wenn ihr IQ im oder über dem Durchschnitt liegt.

Man rechnet in Europa mit 10-15 % aller Schüler, die spezieller Förderung bedürfen. Solche Zahlen hoch zu rechnen ist nicht unproblematisch, da Lernschwierigkeiten ein zunehmendes Problem sind, das oft erst in späteren Schuljahren offensichtlich wird. Untersuchungen in Australien an 28 000 Schülern der Jahrgangsstufe 9 zeigte, dass sogar 30 % einen Mangel an grundlegenden Lesefähigkeiten aufwiesen.

Zurzeit werden Lernstörungen auf fünf verschiedene Ursachen zurückgeführt.
· strukturelle Zerstörungen
· Gehirndysfunktion
· Ungewöhnliche cerebrale Lateralisation
· Reifeverzögerungen
· Umwelteinflüsse

Da leider keine dieser Annahmen durch feste Daten untermauert wird, können wir vorerst davon ausgehen, dass wohl alle Faktoren einen gewissen Anteil an der Entstehung von Lernschwierigkeiten haben.

Untersuchungen haben gezeigt, dass bei vielen Kindern mit Lernschwierigkeiten bei klinischen Untersuchungen (*EEG, CT, NMR*) keine strukturellen Veränderungen zu finden sind. Dagegen verdichten sich die Hinweise, dass Lernstörungen von abnormalen physiologischen und biochemischen Prozessen in der Gehirnrinde ausgelöst werden. Diese »These von der gestörten Gehirnfunktion« führt die Dysfunktion auf einen gestörten Wahrnehmungsmechanismus als Folge inadäquater Gehirnaktivierung zurück.

Ein anderes Modell, das auf neuesten neurophysiologischen Forschungen basiert, geht davon aus, dass der zeitliche Ablauf und die Synchronisation der neuralen Aktivität für die höheren Wahrnehmungsfunktionen ausschlaggebend sind. Jede Störung in diesem zeitlichen Ablauf führt zu einer Desintegration und somit zu Störungen der kognitiven Fähigkeiten.

Diese Forschungen unterstützen unseren Ansatz, dass Teilleistungsstörungen, die unter die Begriffe Legasthenie, Dyslexie, ADD, ADDH, MCD usw. subsummiert werden, sich auf den gemeinsamen Nenner mangelhafter Integration oder Kooperation der beiden Gehirnhälften oder Teilen des Gehirns untereinander zurückführen lassen. In unserem Gehirn sind mehr Synapsen (Verbindungen) der Nervenzellen untereinander vorhanden als Moleküle im gesamten Universum. Bei dieser immensen Zahl überrascht es kaum, dass es zahlreiche Möglichkeiten von Fehlverbindungen gibt. Viele dieser Verbindungen entstehen teilweise erst im Laufe des Lebens und sind einem ständigen Wechsel unterworfen. Dazu kommt eine weitere Eigenschaft unseres Gehirns: Es ist ein Meister im Vermeiden von Stress, d.h. alles, was zu einer zu großen Verarbeitungsleistung führen kann, wird vermieden oder es werden Wege eingeschlagen, diese Anstrengung zu minimieren. Diese Forschungen basieren auf dem Stressprinzip von Selye.

Genauso beeindruckend sind die eigentlichen Gedächtnisleistungen unseres Gehirns. Sie ermöglichen uns die Erinnerung an viele Dinge und Situationen in unserem Leben und die Ableitung unserer Erfahrungen aus diesen Erinnerungen. Erst durch intensive Forschungsarbeiten insbesondere in den letzten Jahren konnten wir einen kleinen Einblick in die Arbeitsweise unseres Biocomputers gewinnen. Um aus Erfahrungen zu lernen, müssen diese in unserem Gedächtnis bleiben. Mit einer Reihe neuester Untersuchungsmethoden wie der Positronenemissionstomografie (*PET*) und der Kernspinresonanztomografie (*MRI*) konnten verschiedene Typen von Erinnerung verschiedenen Hirnbereichen zugeordnet werden. Experimente zeigen zudem, dass bewusstes und unbewusstes Gedächtnis zwei verschiedene Bereiche des Gehirns betreffen. Trotzdem werden diese zu einer Erinnerung zusammengeführt, die uns dann als Ganzes bewusst wird.

Das bewusste Gedächtnis ist dem hippocampalen System zugeordnet. Der Hippocampus ist die zentrale Verarbeitungseinheit, er enthält die Schaltkreise für das Kurzzeitgedächtnis. Dort werden Informationen verarbeitet, verglichen, mit Impulsen aus anderen Gehirnabschnitten abgeglichen und in physiologische Reaktionen übersetzt. Hier werden auch die Erfahrungen mit emotionalen Informationen aus dem Mandelkernkomplex, die für das Überleben wichtig sind – wir befinden uns hier auf einer archaischen Ebene der Informationsverarbeitung – bewertet und können so emotional gefärbt werden. Die Informationen im Hippocampus bekommen dadurch Relevanz. Die Mandelkerne sorgen mit der Betonung der Überlebensreaktion für die emotionale Tönung, während Informationen aus dem Hypothalamus für die gefühlsmäßigen Reaktionen (»aus dem Bauch heraus«) zuständig sind. Erhebt sich die Frage, warum wir uns überhaupt an bestimmte Dinge und Ereignisse erinnern und warum an andere nicht. Warum werden manche Erfahrungen einfach wieder vergessen und andere nicht? Viele von Ihnen werden sich sicher noch an die Zeit ihrer ersten Liebe erinnern oder auch daran, was sie gerade getan haben, als sie die Nachricht von der Ermordung Kennedys gehört haben. Ist eine Erfahrung weder mit Schmerz noch mit Freude verbunden, hinterlässt sie nur selten Spuren in unserem Gedächtnis. Emotionale Bedeutung in Form von »Zuckerbrot und Peitsche« ist die wichtigste Voraussetzung, dass etwas im Gedächtnis bleibt.

Das Gedächtnis als Grundlage des Lernens

Bislang sprach man meist nur von einem Kurzzeit- und einem Langzeitgedächtnis. Neurophysiologische Forschungen haben in letzter Zeit weitere Formen des Gedächtnisses entschlüsselt:

Das unmittelbare Gedächtnis – alle Informationen werden registriert und daraufhin überprüft, ob sie für uns eine Relevanz haben und dann gleich wieder überschrieben.

Das Kurzzeitgedächtnis scheint biochemischer Natur zu sein. Es behält die Informationen im Gedächtnis, die als relevant eingestuft werden. Es ermöglicht uns zum Beispiel das Einprägen einer Telefonnummer, um sie innerhalb kurzer Zeit zu benutzen. Nach einigen Stunden ist sie meist wieder vergessen. Wird eine Information aber emotional aufgeladen, bleibt sie lange genug im Kurzzeitgedächtnis, um ins Langzeitgedächtnis überzugehen. Damit wir das Alphabet oder Einmaleins lernen, müssen wir die Buchstaben und Zahlen im Kurzzeitgedächtnis so lange wiederholen, bis sie ins Langzeitgedächtnis übernommen sind. Das neu entwickelte Modell der Einprägung geht davon aus, dass die chemischen Informationen des Hippocampus in strukturelle Informationen – Aufbau neuer Schaltkreise – der Hirnrinde überführt werden.

Das Langzeitgedächtnis entsteht durch strukturelle Veränderungen. Haben diese stattgefunden, bleiben Informationen so lange im Gedächtnis, wie wir leben.

Forschungen der letzten Jahre haben noch weitere Arten des Gedächtnisses gefunden:

Das Arbeitsgedächtnis ist einer Tafel vergleichbar, auf der vorübergehende verbale und visuell räumliche Eindrücke gespeichert werden. Es ist auch ein System zur Koordination und Steuerung der Aufmerksamkeit.

Das episodische Gedächtnis und *das semantische Gedächtnis* sind die Gedächtnisspeicher für Worte, Bedeutungen u.ä., die als enzyklopädische Fakten für die subjektive Erinnerung an unsere persönlichen Erfahrungen behalten werden. Dies schließt alles ein, vom Kinobesuch heute bis zu unserem ersten Roller, den wir mit vier Jahren bekommen haben. Später befasst es sich mit kurzzeitigen Begebenheiten, die wir wieder nachvollziehen können, wenn wir die Situation noch mal durchgehen: »Wo habe ich nur mein Buch hingelegt?« Wenn wir dann in die Situation zurück gehen, fällt es uns wieder ein.

Wir erleben unsere Erinnerungen als ganzheitlichen Eindruck, obwohl die einzelnen Qualitäten des Sinneseindruckes vom visuellen (bildlichen) bis hin zum olfaktorischen (geruch- und geschmacklichen Eindruck) in völlig verschiedenen Hirnbereichen abgelegt werden. Wir haben also keinen inneren Recorder, der die Szene als Ganzes aufnimmt und abspielt, sondern auf einen Stimulus hin wird die ganze Erinnerung neu zusammengesetzt. Dazu werden alle beteiligten Hirnareale synchron aktiviert, bis ein ganzheitliches Bild, eben die Erinnerung an eine Situation, an die Oberfläche unseres Arbeitsgedächtnisses kommt. Diese Speicherung erfolgt holografisch.

Forschungen in den letzten Jahren zeigten, dass unser Gehirn zwei Systeme für Wahrnehmung und Gedächtnis hat, die für das Lernen wichtig sind:

Das bewusste System liegt in der Hirnrinde und sorgt für feine Details, *das unbewusste System* liegt subcortikal und hält immer Ausschau nach Bedrohung und Gefahr. Dieses eher archaische Gedächtnis prüft Informationen nach ihrem Einfluss auf unser Leben. Erblicken wir zum Beispiel nachts einen Schatten, werden wir erst einmal erschrecken und unser Körper wird eine Flucht- und Kampfreaktion einleiten, ehe unser bewusstes Wahrnehmen den Schatten als Busch erkennen wird. Diese spontane Erst- oder Reflexreaktion war für unser Überleben wichtig.

Es gibt unbewusste und bewusste Auslöser für Erinnerungen. Der stärkste dieser Auslöser ist der Geruch. Wer erinnert sich nicht bei bestimmten Gerüchen an frühere Ereignisse. Auch der Tonfall einer Stimme ist ein starker Auslöser, es gibt aber noch viele andere Auslöser wie Gesichter oder Teile davon (das stereotype Aussehen von Bösewichten im Film ist ein gutes Beispiel dafür, wie mit diesen Assoziationen gearbeitet werden kann). Viele dieser Assoziationen bleiben immer unbewusst, lediglich die emotionalen gelangen immer ins Bewusstsein. Die verschiedensten, manchmal sehr banalen, meist aber völlig unbewussten Auslöser können negative emotionale Assoziationen hervorholen, die uns zu – für uns und andere manchmal völlig inadäquaten – Reaktionen veranlassen. Hier ist die Applied Kinesiology ein hervorragendes Instrument, unbewusste Reaktionsmuster zu finden und zu lösen. Dies ist umso wichtiger, da unser Gedächtnis immer die Basis für das Lernen ist.

In einem System der parallelen Verarbeitung vieler Komponenten sind die Integration und Synchronisation die wichtigsten Voraussetzungen für ein zufrieden stellendes Arbeiten. Ohne unser Gedächtnis wäre Lernen nicht möglich, wir würden Fehler immer von Neuem wiederholen. Belohnung und Bestrafung sind die entscheidenden Faktoren beim Lernen. Ohne deren Motivation und die Relevanz des Lernstoffes hätten wir keinen Grund, etwas zu lernen. Beim Menschen ist oft schon die Motivation Anreiz genug zum Lernen. So geschieht unser Lernen durch ein Zusammenspiel vieler miteinander vernetzter Systeme, die zeitlich genau abgestimmt und synchron ablaufen müssen. Alle Systeme müssen integriert sein, damit wir ein bewusstes Ergebnis produzieren können.

In früheren Lehrbüchern der Neurologie werden den beiden Gehirnhälften unterschiedliche Funktionen zugeordnet. Die Gehirnhälfte, in der das Sprachzentrum liegt, wurde als dominant bezeichnet. Heute weiß man, dass die einzelnen Funktionen in den verschiedensten Gehirnabschnitten verteilt sind. In der Literatur der Applied Kinesiology hat der Ausdruck Gehirndominanz noch eine andere Bedeutung. Hier bezeichnet er nicht nur die Lage des Sprachzentrums, sondern die Seite, die bei der Art der Verarbeitung entscheidend ist. So ist der Zustand der »Rechtshirnigkeit« oder »Linkshirnigkeit« abhängig von der Art der gerade durchgeführten Denkarbeit. Logisches Denken wird hierbei mehr der linken Gehirnhälfte, intuitives Denken mehr der rechten zugeordnet.

Funktionsstörungen des Gehirns und ihre Auswirkungen bei Kindern

Zusätzlich sind alle Funktionen des Gehirns so programmiert, dass sie immer den Weg des geringsten Widerstandes gehen, um größtmögliche Effektivität zu erreichen. Beim Ausfall bestimmter Funktionen werden sofort die nächstgünstigsten Wege eingeschlagen. Sind diese Wege zu kompliziert, werden die damit verbundenen Tätigkeiten gemieden. Wir alle kennen die Situation, dass wir schwierige und/oder ungeliebte Aufgaben vor uns herschieben.

Logik und Intuition ergänzen einander. Während die Logik häufig bewusst eingesetzt wird, finden intuitive Prozesse vielfach im Unterbewusstsein statt. Wenngleich die rechte Hirnhälfte in der Gestaltfunktion und die Linke in der Logikfunktion zu dominieren scheint, ist dies doch ein sehr vereinfachtes Modell, das als Arbeitshypothese aber dennoch brauchbar ist. Im Idealfall sind alle Logik- und Gestaltfunktionen des Gehirns für eine intellektuelle Aufgabe zugänglich, und es ist immens wichtig, dass vor allem die Verbindungsbahnen zwischen den Funktionen (oder Gehirnhemisphären) frei zugänglich sind. Jede Art von negativ belastendem Stress führt zu Blockaden in diesen Bahnen (was für die oben beschriebene Überlebensreaktion sehr sinnvoll ist), damit wir nicht erst intellektuell nachdenken, ob der Busch uns gefährlich werden könnte (wäre es ein Feind, wären wir schon tot). Leider führt dies aber zu verminderter geistiger Leistungsfähigkeit, was wiederum zu negativ belastendem Stress führt. So befinden wir uns schließlich in einer abwärts führenden Stressspirale.

Störungen, die derartige Reaktionen auslösen, können vielerlei Ursachen haben: Auf der einen Seite finden wir schwere strukturelle Defekte, hervorgerufen beispielsweise durch Entwicklungsstörungen während der Schwangerschaft, Mikroblutungen oder Sauerstoffmangel in bestimmten Gehirnbereichen. Je älter (entwicklungsgeschichtlich) und je dichter an einer Schlüsselstellung der mentalen Verarbeitung die betroffenen Areale liegen, desto ausgeprägter sind die dadurch entstehenden Störungen. Diese strukturellen (Zer-)Störungen sind Gott sei Dank sehr selten. Auf der anderen Seite finden wir die wesentlich häufiger auftretenden funktionellen Blockaden. Bei Menschen mit Lernstörungen sind fast immer die Verbindungsstrukturen zwischen den beiden Gehirnhälften wie das Corpus Callosum (Balken) oder die vordere Kommissur eingeschränkt. Dadurch wird eine wirksame Integration der Gestalt- und Logikfunktion behindert. Sind diese wichtigen Leitfunktionen blockiert – und auch hier kann die Applied Kinesiology (AK) wichtige diagnostische Aufschlüsse geben – dann sind Lernstörungen fast unvermeidlich.

In den 60er Jahren glaubte man gar, dass die Legasthenie durch eine organische Verletzung dieser Verbindungsteile entsteht. Eine Annahme, die sich durch Untersuchungen des Gehirns an Leichen von Legasthenikern nicht bestätigte.

Wenn durch diese funktionellen Blockaden in einem wichtigen Schulfach wie Mathematik oder Deutsch eine Leistungsminderung entsteht, dann hat das auch Auswirkungen auf den Rest des Lebens. Wir werden darauf noch zu sprechen kommen.

Beide Seiten des Gehirns stehen in ständigem Austausch miteinander, und die Qualität des Lernens hängt mit dem Zustand dieser Integrationsfähigkeit zusammen.

Man kann die auftretenden Störungen in fünf große Gruppen einteilen:
- Die integrierenden Verbindungen zwischen Hirnrinde und den darunter liegenden Schichten sind gestört

- Die integrierenden Bahnen, die die subcortikalen Bereiche verbinden, sind gestört
- der Zugang zu bestimmten subcortikalen Verarbeitungsmöglichkeiten ist gestört
- die kreuzenden Bahnen im Balken und den anderen Kommissuren sind gestört
- der Zugang zu den Leitfunktionen der rechten und linken Gehirnhälfte ist gestört.

Was bewirken diese Störungen bei unseren Kindern:
Dominanz der rechten Gehirnfunktionen: in ihrer extremsten Ausprägung ADD genannt, äußert sich häufig in Folgendem: Impulsivität, Probleme mit der Zeiteinteilung, wenig Bewusstsein für die Beziehung Ursache-Wirkung, Konzentrationsprobleme, Schwierigkeiten beim Buchstabieren (man schreibt, wie man hört), Verständnisprobleme für mathematische Konzepte, Probleme beim Verstehen der Lektüre trotz flüssigem Lesen, dagegen häufig gute sportliche Fähigkeiten.
Dominanz der linken Gehirnfunktion: in unserem Zusammenhang die echte Dyslexie, äußert sich häufig in Folgendem: Phonetisches Buchstabieren = Aneinanderreihen von Buchstaben, bis ein »Wort« erklingt, hochgradige Leseprobleme und Probleme mit der körperlichen Koordination.
Eingeschränkter Zugang zu beiden Funktionen: führt zu schweren Lernproblemen und äußert sich häufig in: Verzögerung der Sprachentwicklung, vermindertes Zahlenverständnis, verminderte Konzentrationsfähigkeit. Die Kinder erscheinen dumm, unbeholfen und faul.
Eingeschränkter Zugang zur Integrationsfunktion: äußert sich häufig in Folgendem: Lesen ist stressig und schwierig, ebenso das Buchstabieren, die Schule voller Frustrationserlebnisse, Probleme mit höherer Mathematik

Fehlende Funktionen oder der fehlende Zugriff auf diese Gehirnfunktionen führen regelmäßig zur Auslösung von negativ belastendem Stress und der wiederum zur Vermeidung dieser Aufgaben. Leider ist unsere Gehirnintegration sehr stressanfällig und alle Menschen verlieren unter einem bestimmten Level an Stress ihre Gehirnintegration. Auch dies ist eine archaische Reaktion, die dem Überleben diente. Im Falle der Lebensgefahr soll das Gehirn nicht lange abwägen, sondern instinktiv reagieren. Zum Überlegen bleibt hinterher immer noch Zeit.

In gewissem Sinne und unter bestimmten Situationen sind wir alle Legastheniker. Somit lässt sich die Ursache von Lernstörungen (Teilleistungsstörungen) in der Störung der Integrationsfähigkeit des Gehirns festmachen. Dieser Verlust an Integration kann vorübergehend oder von Dauer sein und die Auslöser dafür sind vielfältig.

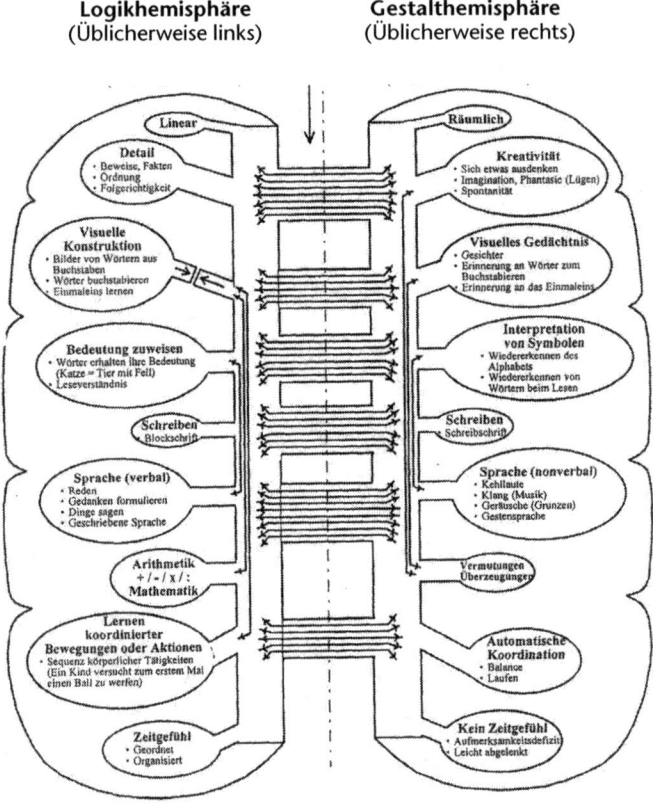

Leitfunktionen bei der Gehirnintegration

Logikhemisphäre
(Üblicherweise links)

Gestalthemisphäre
(Üblicherweise rechts)

**Fasern des Corpus callosum
zwischen den beiden Hemisphären**
(Wie eine überlastete Telefonzentrale – die durch diese Fasern verbundenen kortikalen Bereiche sind bei Streß überlastet)

- Arbeitet Bit für Bit (sequentiell)
- Zeitgefühl (organisiert)

- Arbeitet gleichzeitig (intuitiv)
- Kein Zeitgefühl (Kennt nur »jetzt« oder »nicht jetzt«)

© Krebs – VAK/IAK

2 Die Sunflower-Therapie in der Biografie von Mark O. Mathews

»Ich wurde mit einer so stark ausgeprägten Legasthenie geboren, dass ich bis zum Alter von 12 Jahren nicht lesen konnte. Mir ist aus eigener Erfahrung bewusst, was es heißt, anders zu sein und sich auf unbestimmte Art anders und unzulänglich zu fühlen. Diese Hürde musste ich überwinden, um mich den Anforderungen einer qualifizierten Ausbildung zu stellen.

Obwohl ich nur sehr langsam lesen und schreiben lernte, wussten meine Eltern, dass ich durchaus intelligent bin. Aufgrund meiner Kommunikationsschwierigkeiten waren meine Leistungen in der Schule unzureichend. Nur unter großen Schwierigkeiten konnte ich mir Zahlen und Namen merken, so dass ich während der Schulzeit zunehmend schlechtere Noten erhielt.

Mein Gedächtnis ist visuell ausgerichtet, so dass ich mich an Dinge eher im Hinblick auf ihre Beziehung zu Bildern und logische Zusammenhänge als an Tatsachen erinnern kann. Die meisten Menschen können jedoch während ihrer Ausbildung eine beträchtliche Menge von Tatsachen verinnerlichen. Meine eigene Methode, Tatsachen mit Hilfe visueller Assoziationen oder logischer Beziehungen zu erlernen, war jedoch viel schwerfälliger als das Vorgehen meiner Schulkameraden. Deshalb wurde die weiterführende Schule für mich zu einer echten Schinderei. Ich musste zum Erzielen identischer Ergebnisse wesentlich härter arbeiten als meine Mitschüler. Die dafür erforderliche Willenskraft und Entschlossenheit brachten mir dann aber einige Vorteile für mein Studium.

Mit dieser Darstellung zeichne ich allerdings ein übertrieben geschöntes Bild meiner Person. Tatsache ist, dass ich im Alter von 14 Jahren wegen Provokation eines Lehrers von der Schule verwiesen wurde. Dieser Verweis beruhte darauf, dass ich einige Streiks und Boykotts in der Schule organisiert hatte. Auf diesem Weg hätte ich ohne weiteres einer der Gefängnisinsassen werden können, die zu 65 Prozent ebenfalls mit Lernschwierigkeiten aufgewachsen sind.

Glücklicherweise wusste ich, dass meine Eltern mich liebten. Wir saßen bei den Mahlzeiten gemeinsam am Tisch und redeten miteinander, so dass ich gut formulieren mußte, wenn ich meinen Standpunkt vertreten wollte. Zudem hatten meine Eltern uns Kindern das Fernsehen verboten. Sie hielten eine Berieselung mit bedürfnisloser Unterhaltung für die Entwicklung unseres Verstandes, unserer Fantasie und unserer Begabungen nicht für förderlich.

Mein Vater erhielt als Geistlicher häufig Besuch von ehemaligen Sträflingen, nachdem sie aus dem Gefängnis entlassen worden waren. Sie hielten sich solange im Kreise unserer Familie auf, bis sie ein Gespür dafür entwickelten, wer sie eigentlich waren und dass sie nicht weniger galten als andere Menschen. Sie lernten dabei, sich als geschätzter Teil der Familie zu sehen und erlangten so ihre Selbstachtung zurück. Viele dieser ehemaligen Sträflinge gingen danach in eine hoffnungsvolle und lebensfrohe Zukunft«.

Erfahrungen und Konsequenzen

»Was bestimmte also meine Kindheit? Ich war mir meiner Andersartigkeit bewusst. Als Außenseiter fühlte ich mich einsam. Ich ärgerte mich über viele Dinge, ohne die Ursache dafür zu kennen. Diese Gefühle bewirkten Handlungen, die mich wiederum isolierten. Aber im Gegensatz zu anderen Menschen stand mir das Glück zur Seite.

Eine Tante, die mich besonders liebte, schaltete sich zu dieser Zeit in meine Erziehung ein. Sie überzeugte meine Eltern davon, dass mir noch einmal die Chance eines völligen Neuanfangs gegeben werden müsste. Von besonderer Bedeutung war für mich, dass sie mir dies auch finanziell möglich machen wollte. So wurde ich in eine strenge Internatsschule nach Wales geschickt und in eine Klasse eingeschult, deren Schüler im Durchschnitt etwa zwei Jahre älter waren als ich. Dort herrschte ein rüder Umgangston. Im Rückblick vermute ich, dass die meisten meiner Mitschüler von ihren Eltern auf diese Schule geschickt wurden, weil diese mit ihren Sprösslingen ohne fremde Unterstützung nicht mehr fertig wurden. Die Unterstützung meiner Tante lohnte sich für mich sehr. Nach den ersten Erfahrungen mit dieser neuen Situation wurde mir klar, dass ich im Gegensatz zu meinen Mitschülern eigentlich noch Glück hatte. Mir war außerdem bewusst, dass es sich hier tatsächlich um eine letzte Chance handelte, für die ich meinen höchsten persönlichen Einsatz zu erbringen hatte.

Ich begann konzentriert zu arbeiten und vertiefte mich im Gegensatz zu meinen Mitschülern in meine Bücher. Die positive Konsequenz: Ich gehörte aufgrund meiner Leistungen bald zu den Besten in der Klasse und durfte einen Leistungszweig besuchen. Mein eifriges Bemühen hatte mich in den Augen meiner

Mitschüler jedoch zu einem Streber abqualifiziert, und ich nahm erneut eine Außenseiterposition ein. So wurde ich mitleidlos tyrannisiert und musste mir erst das Recht erkämpfen, ich selbst zu sein. Diese Kämpfe wurden im so genannten »Stiefelzimmer« ausgetragen, wobei unsere Erzieher diskret wegsahen. Glücklicherweise war einer der ehemaligen Sträflinge, die bei meiner Familie gelebt hatten, Ringer gewesen. Ich hatte ihm den Namen Danny gegeben, da er aussah wie »Desperate Dan«. Er hatte mich im Kämpfen unterrichtet, und ich nutzte mein Können, indem ich nun einige meiner Mitschüler vor den Augen ihrer älteren Kameraden besiegte. Auf diese Weise erwarb ich mir Respekt und hatte meine Ruhe.

So wurde ich zwar am Ende meiner Schullaufbahn Zimmerältester, aber als ich nach der Schule mit dem Studium begann, begleiteten mich meine grundlegenden Probleme immer noch. Ich sah bald die Verwunderung meiner Hochschullehrer, wenn ich eine schriftliche Arbeit abgab. Sie fragten sich, wie ich überhaupt eine Schule, geschweige denn einen Leistungskurs hatte absolvieren können. Ich lernte schnell, Freundinnen zu finden, denen ich meine Arbeiten in die Schreibmaschine diktieren konnte. Auf diese Weise erreichte ich einen Abschluss mit Auszeichnung.

Wie ging es weiter?

»Da ich mich schon in der Schulzeit für die Tierwelt und die Natur interessiert hatte, wählte ich Ökologie und Ressourcen-Management als Studienfächer. Für Letzteres hatte ich mich entschieden, weil mir schon immer bewusst war, dass wir Teil eines größeren Systems sind. Ich bin der Meinung, dass viele Probleme der Menschheit ihren Ursprung in dem Irrglauben haben, dass wir uns unseren Mitgeschöpfen gegenüber für überlegen halten und uns deshalb die Erde untertan machen dürften. Aufgrund dieser Fehleinschätzung laufen wir Gefahr, unsere Lebensgrundlagen und die künftiger Generationen zu zerstören. So dauert es vergleichsweise ca. 100 000 Jahre, um die Menge Öl unter dem Eis von Alaska zu produzieren, die in den USA an einem einzigen Tag durch Autofahren verbraucht wird. Die Frage nach der Verschwendung unserer natürlichen Ressourcen läßt sich nicht durch Verdrängung beantworten.

Nach Abschluß meines Studiums reiste ich nach Afrika, um zu untersuchen, wie der Fortschritt den Massai-Stamm in Kenia beeinflusste. Außerdem verbrachte ich einige Zeit in Indien, wo ich ähnliche Untersuchungen anstellte. Ich erkannte sehr schnell, dass mich diese Art der Entwicklungshilfe nicht besonders interessierte, hatte ich doch den Eindruck, dass wir die Menschen in den Entwicklungsländern von den Ursprüngen entfremden, die ihr bisheriges Leben geprägt hatten. Ich fragte mich, mit welchem Recht ich diesen Menschen vorschrieb, wie sie zu leben hätten. Daher entschied ich für mich, dass es besser sei, in Großbritannien etwas zu bewirken. Denn die Entwicklungsländer könnten diesem Beispiel folgen. Es steht uns nicht an, Vorschriften zu machen, wenn das eigene Haus nicht in Ordnung ist«.

Mein Lebensplan

»Unter diesen Prämissen baute ich in Wales ein Zentrum für Alternative Technologie auf. Es veranschaulicht, wie mit wenig Aufwand mehr zu erreichen ist, wenn man recycelt, erneuerbare Energien wie Wind- und Sonnenkraft einsetzt und im Einklang mit der Umwelt und nicht gegen sie arbeitet. Dieses Zentrum ist seit seiner Gründung immer noch aktiv.

Als mein Projekt allmählich größer wurde, erkannte ich meine Schwächen im organisatorischen Bereich. Viel lieber wollte ich mit einem direkten Gegenüber arbeiten. Da ich aber sowohl auf ökologische Weise als auch im persönlichen Umgang mit Menschen arbeiten wollte, beschloss ich, die langwierige Ausbildung zum Osteopathen zu machen.

Zu dieser Zeit nahm ich Kontakt mit der Stiftung für natürliche Heilweisen auf und lud Praktizierende aus allen Bereichen der ganzheitlichen Medizin ein, um über aktuelle Themen zu diskutieren. Es war mir ein Anliegen daran mitzuarbeiten, unterschiedliche Heilverfahren in einen ganzheitlichen Zusammenhang zu bringen. Unter einem gemeinsamen Dach – so meine Überlegung – könnten verschiedene medizinische Ansätze das geeignete Umfeld und die Voraussetzungen schaffen, bisher unbekanntes Potenzial zu erkennen und auszuschöpfen. Obwohl ich die größten Hoffnungen in dieses Projekt setzte, musste ich mir bald eingestehen, dass ich einige grundlegende Tatsachen außer Acht gelassen hatte.

Menschen, die sich mit unterschiedlichen Disziplinen auseinander setzen, neigen dazu, ihre eigenen Ansichten zu glorifizieren, wie es beispielsweise im Bereich der Schulmedizin häufig der Fall ist. Therapeuten haben es häufig schwer, sich neue Gedankenmodelle anzueignen und Probleme von einer anderen Ebene aus zu betrachten. Es war nahezu unmöglich, Homöopathen, Naturheilkundler, Kräuterheiler und Osteopathen zu einer gemeinsamen Sichtweise zu bewegen, um so bei der Behandlung von Patienten eine gegenseitige Ergänzung zu erreichen. Das führte mich zu der Einsicht, dass die so genannte alternative Medizin ihrem eigenem Anspruch häufig nicht gerecht wurde und von einem ganzheitlichen Ansatz weit entfernt war. Die Menschen traten für ihre unterschiedlichen Disziplinen ein, von denen natürlich keine einzige die allein richtige Lösung für die verschiedenen Probleme vorzuweisen hatte. Es schien sie nicht zu interessieren, ihre Therapieansätze als Teil eines Ganzen anzubieten«.

Die ganzheitliche Sichtweise – eine Vision?

»Anstelle von Aspirin für dieses und Kortison für jenes setzte man nun Akupunktur und Homöopathie ein. Die Frage nach der besten Eignung, der Reihenfolge, dem Warum, Wann und Wo wurde praktisch unberücksichtigt gelassen. Es handelte sich zwar um alternative Medizin, sie ahmte jedoch herkömmliche Verfahren nach, indem sie auf orthodoxe Art und Weise vertreten und angewandt wurde. Das war weit entfernt von meiner Vorstellung, mit einem direkten Gegenüber zu arbeiten. Im Rahmen dieser Organisation, der Stiftung für natürliche Heilweisen, war es mir unmöglich, mein Bestes zu geben.

Was mich wirklich bewegte und den Verlauf meines weiteren Lebens bestimmen sollte, war die Entdeckung der Applied Kinesiology (*AK*). Applied Kinesiology ist ein System von Muskeltests, die eine Untersuchung der neurophysiologischen Reaktionen des Patienten erlauben. Auf diese Weise konnte ich von einem Moment zum nächsten die Wirkungen meiner Behandlung überprüfen. Mit Hilfe vieler kleiner Mosaiksteine lässt sich so das Bild der am Besten geeigneten Behandlung zusammensetzen. Dadurch kann man viel gezielter diagnostizieren, wo die auffälligen Elemente im individuellen Muster aus Krankheit und gestörter Balance liegen. Diese spezifischen Informationen ermöglichen es, die Therapie für jeden Patienten gezielt auszurichten. Außerdem lässt die Applied Kinesiology im Anschluss an die Behandlung aussagefähige Nachuntersuchungen zu, die genaue Rückschlüsse auf den Behandlungserfolg erlauben.

Auf diese Weise entdeckte ich endlich ein alternatives Behandlungskonzept, das ganzheitlich und allumfassend war. Im Gegensatz zu anderen Disziplinen wurde hier nicht gefordert, dass eine bestimmte Behandlung stets für ein bestimmtes Problem anzuwenden sei. Ganz im Gegenteil: da es sich bei jedem Patienten um ein einmaliges Individuum handelt, wird auch eine Funktionsstörung individuell behandelt. Die verschiedenen Symptome konnten dank der AK diagnostiziert und behandelt werden«.

Vorbeugen ist besser als Heilen

»Ganz besonders reizte mich die Behandlung von Patienten, die im Grunde gesund waren und lediglich unter leichten Störungen litten. Diese zu diagnostizieren und zu behandeln, bevor sich daraus tatsächliche Symptome oder gar Krankheiten entwickelten, empfand ich als besondere Herausforderung. Denn darin erkannte ich ein Konzept, das gesundheitsbezogen und nicht etwa krankheitsorientiert auf meine Patienten zuging.

Nach meiner Ausbildung eröffnete ich eine Praxis und spürte, dass ich nunmehr einen Weg gefunden hatte, der Welt zu dienen und mich gleichzeitig dem zu nähern, wozu ich mich berufen fühlte. Von dieser Überzeugung getragen, gründete ich den Reve Pavillon, in dem sich meine Praxis auch heute noch befindet. Ich behandle Patienten jeden Alters, die unter den unterschiedlichsten Störungen leiden. Doch meine besondere Leidenschaft gilt nach wie vor den Kindern mit Lernschwierigkeiten. Ich kann ihre Probleme nachvollziehen und erkenne dabei, welch großes Glück ich hatte, meine eigenen Probleme zu überwinden. Die Hilfe, die mir zuteil wurde, erhält bei weitem nicht jeder, und ich bin sicher, dass ich ohne Hilfe von außen in jeder Beziehung gescheitert wäre. Wenn es mir gelingt, Kinder mit Lernschwierigkeiten erfolgreich zu behandeln, kann ich ihnen die gleichen Chancen einräumen, die sich mir eröffneten. Darüber hinaus kann ich auf diese Weise meinen Beitrag für die Zukunft unserer Gesellschaft leisten. Und das spielt für mich eine wesentliche Rolle. Dieses Bedürfnis ist womöglich schon von meinem Vater in mir geweckt worden, und ich hoffe, dass ich es an meine Kinder weitergeben kann.«

3 Die Problematik der Lernschwierigkeiten

Stellenwert und Umfang der Störung

Allein in britischen Schulen leiden etwa 400 000 Kinder an Lernschwierigkeiten. Das heißt: etwa jedes siebte Schulkind ist davon betroffen. Man kann davon ausgehen, dass sich in Deutschland und allen westlichen Staaten ähnliche Zahlen ergeben.

Den Staat – besser die Gesellschaft – kostet das gewaltige Summen, während sich die Eltern mit Unannehmlichkeiten, Ängsten und großen Sorgen auseinander setzen müssen. Doch den höchsten Preis zahlen die Kinder selbst, weil sie zumeist für dumm, unbeholfen und langsam gehalten werden und das sogar von den Menschen, denen sie am nächsten stehen – den eigenen Eltern.

Statistiken zeigen, dass ein großer Teil der Erwachsenen, die straffällig werden, Drogen nehmen, gewaltbereit, depressiv oder gar selbstmordgefährdet sind, in ihrer Jugend unter Lernschwierigkeiten litten.

Ob man nun selbst mit Lernschwierigkeiten geboren wurde, Kinder mit Lernschwierigkeiten hat oder sich in einem Umfeld bewegt, in dem Kinder mit Lernschwierigkeiten leben, Ungezählte sind von diesem Problem betroffen. Lange Zeit konnte diesen Kindern nicht eigentlich geholfen werden, weil niemand wusste, was zu tun sei. Doch mittlerweile gibt es konkrete Ansätze, den breit gefächerten Problemkreis Lernschwierigkeiten gezielt zu behandeln. Leider wird den Kindern und Eltern selbst von berufenen Kreisen (beispielsweise Amtsärzten, Schulleitern etc.) noch der Tipp gegeben, sie müssten nur einfach mehr üben und Druck bekommen, da das Kind ja nur faul sei. Was das für die Kinder (siehe Stressspirale) und die Eltern bedeutet, werden wir später noch erfahren.

Die Eltern

Die Eltern betroffener Kinder müssen beträchtliche Schwierigkeiten in Kauf nehmen. Im Gegensatz zu körperlichen Defiziten sind Lernprobleme nur selten bereits bei einem Baby feststellbar und es besteht durchaus die Möglichkeit, dass sie ein ganzes Menschenleben lang unerkannt bleiben. Es kommt nicht zuletzt immer wieder vor, dass Lernschwierigkeiten fälschlicherweise für

Langsamkeit oder einen Mangel an Intelligenz gehalten werden. Niemandem ist damit geholfen, die Eltern solcher Kinder zu kritisieren. Dass eine Person ohne entsprechende Ausbildung in der Lage wäre, den Unterschied zwischen einem hochintelligenten Kind mit Lernschwierigkeiten und Kindern durchschnittlicher Intelligenz zu erkennen, ist kaum anzunehmen. Spezielle Vor- und Ausbildungen im Bereich »Lernschwierigkeiten/Teilleistungsstörungen« sind zur Erstellung der korrekten Diagnose erforderlich.

Was dem sozialen Umfeld wie ein Mangel an Intelligenz erscheint, geht nicht selten mit Ungeschicklichkeit einher, und dadurch entsteht der Eindruck einer Minderbegabung. Wegen ihrer Hilflosigkeit werden diese Kinder von ihren Eltern oft sehr geliebt und häufig auch überbehütet.

Selbst wenn das Problem »Lernschwierigkeiten« erkannt ist, heißt das noch lange nicht, dass die Eltern in der Lage sind, unbefangen damit unzugehen. Defizite der Kinder können bei den Eltern Schuldgefühle auslösen, auch wenn hier von »Schuld« keine Rede sein kann. Dennoch können Lernschwierigkeiten – wie die Neigung oder Disposition zu Krankheiten – auch erblich bedingt sein, ein Umstand, der die elterlichen Schuldgefühle sogar noch zu steigern vermag. Häufig findet man bei der Behandlung der Kinder ein Elternteil, meist den Vater, mit den gleichen Problemen.

Die Kinder

Kinder mit Lernschwächen werden oft besonders geliebt und beschützt. Bis zum Nachlassen ihrer Leistungen in der Schule wissen sie in der Regel nichts von ihren eigenen Defiziten. Sie haben zwar Schwierigkeiten beim Lesen und Schreiben, nehmen aber hin, dass sie von Eltern und Lehrern zu langsamen Spätentwicklern abgestempelt werden.

Instinktiv spürt das Kind genau, dass diese Einschätzung nicht den Tatsachen entspricht. Auch wenn sich ein intelligentes Kind in seinem sozialen Umfeld wegen seiner Lernschwierigkeiten nicht als solches darstellen kann, so ist es sehr wohl in der Lage, die unüberbrückbare Kluft zwischen der Fremd- und Selbsteinschätzung zu erkennen. Ein solches Kind könnte zwar mit begleitender Behandlung einen Universitätsabschluss erreichen, wird aber ohne derartiges Engagement nie die Fähigkeit erlangen, überhaupt an einer Abschlussprüfung teilzunehmen.

Fazit: Stellen Sie sich vor, Sie wären eines dieser Kinder, das ständig gezwungen ist, ein Leben zu führen, das weder seinen ureigenen Interessen noch seinen Fähigkeiten entspricht. Da fällt die Einsicht nicht schwer, dass hier die Ursache für langanhaltenden, bedrückenden Stress liegen muss.

Die Störung

Eine Störung, die diesen Problemen zugrunde liegt, nennt man Dyslexie. Sie kann inzwischen durch pädagogisch geschulte Psychologen erkannt werden. Aber diese und weitere Lernschwierigkeiten haben oft verschiedene charakteristische Merkmale. Folgende Auffälligkeiten werden häufig beobachtet:

- Gestörte Integration der visuellen, auditiven und kinestetischen Sinneswahrnehmungen
- Plötzliche Stimmungsschwankungen und gestörte Schlafmuster
- Allgemeine Verhaltensauffälligkeiten
- Probleme, die Autoimmunstörungen verwandt sind, wie Ekzeme, Neurodermitis und Allergien
- Migräne, wiederkehrende Stirnhöhlenerkrankungen und Inkontinenz

Häufig werden diese Kinder dann den unterschiedlichsten Therapien, von der Ergotherapie bis hin zur Psychotherapie, ausgesetzt, von den ärztlichen Behandlungen ihrer auch psychosomatisch bedingten Krankheiten ganz zu schweigen.

Das ursächliche Problem der Dyslexie und vieler anderer Lernschwierigkeiten ist in unseren Augen eine neurologische Unausgeglichenheit. Wird diese nicht behandelt, um ein möglichst optimales neurologisches Gleichgewicht zu erreichen, leidet das Kind weiterhin an einer Dysbalance, auch wenn einige oberflächliche Symptome gelindert worden sind.

Die Behandlung

Für Lernschwierigkeiten existieren zahlreiche Behandlungskonzepte. Einerseits besteht die Möglichkeit des spezialisierten Lernens (Sonderschule, Förderung); andererseits können in England zum Beispiel Schüler und Studenten bei Prüfungen einen genehmigten Schreiber hinzuziehen, der sich die Antworten vom Prüfling diktieren lässt. In manchen Bundesländern bestehen Sonderrichtlinien für die Behandlung von Legasthenikern hinsichtlich der Schulleistung/Zensurengebung. Auch hier sind die Regelungen durch den Föderalismus in der BRD für jedes Bundesland anders. Auf einer anderen Ebene liegen Therapieangebote, die die Ursachen des Problems aktiv anzugehen versuchen. Solche Behandlungen variieren von spezialisiertem Training bis hin zur Psychotherapie.

Wir kennen viele Erwachsene, denen ein erfolgreiches und ausgefülltes Leben möglich ist, weil ihnen mit einer solchen Behandlung geholfen werden konnte. Es gibt jedoch zahlreiche andere Auslöser von Lernschwierigkeiten, die sich aber der üblichen Trainingsbehandlung entziehen. Die Sunflower-Therapie betrachtet und behandelt deshalb den Patienten in seiner Gesamtheit und bemüht sich so, auf allen unterschiedlichen Ebenen der Problemstellung gerecht zu werden.

Die landläufige Beurteilung

Ein typischer Patient, der unter Lernschwierigkeiten leidet, wird als Legastheniker bezeichnet. Hinter der »Diagnose« Legasthenie können als Ursache für die Lernstörung aber die verschiedensten Störungen und Erkrankungen stecken. Die Sunflower-Therapie versucht mit ihrer Diagnostik möglichst an die Ursache der Störung heran zu kommen, um danach möglichst exakt die schonendste Behandlungsform auszuwählen.

Wie sieht die Therapie aus?

Die Sunflower-Therapie ist ein Behandlungskonzept, das die strukturellen, chemischen und mentalen Aspekte des vernetzten Organismus berücksichtigt. Vernetzungen geschehen über Botenstoffe in Gehirn und Blut, Botenstoffe, die mit ihren Rezeptoren durch Forschungen der letzten Jahre nachgewiesen werden konnten. Für die Suche nach Dysbalancen wird der AK-Muskeltest im Verbund mit anderen Diagnosemethoden eingesetzt. Weitere therapeutische Maßnahmen wie Ernährungsumstellung und Nährstoffergänzung, Massagen, Akupressur, Übungen und Schulung dienen dazu, die ganzheitliche Balance in allen Lebensbereichen wieder herzustellen.

Das ganzheitliche Behandlungskonzept

Die Sunflower-Therapie für Kinder mit Lernschwierigkeiten setzt sich in der Regel aus folgenden Bausteinen zusammen:
- Korrektur und Balancierung des motorischen Gleichgewichts, der Koordination und der manuellen Fähigkeiten.
- Ernährungswissenschaftliche Maßnahmen verbunden mit einer Analyse der Ernährungsgewohnheiten, der Nährstoffzufuhr, der ausreichenden Versorgung mit Mineralien und Aminosäuren.
- Das Management unentdeckter Allergien, Nahrungsmittelintoleranzen und Umweltbelastungen.
- Integration der dissoziierten Gehirnareale und Funktionen
- Die Therapie im Hinblick auf geistige und emotionale Probleme mit Akupunktur, Homöopathie und neuroassoziativ reorganisierende Behandlungmethoden (*NLP*).
- Craniosakrale Osteopathie zur Balancierung des Flusses der Rückenmarksflüssigkeit, da bei einer Dyslexie häufig eine Störung des normalen Flusses gefunden werden kann.

Fazit: Diese und viele weitere Behandlungsmethoden – alle sicher und nichtinvasiv – stehen speziell ausgebildeten Sunflower-Therapeuten zur Verfügung. Eine Behandlung wird nur dann vorgenommen, wenn der Bedarf durch die Diagnose abgesichert ist, die sich auf die unter- oder unbewussten Signale des Körpers stützt. So wird entschieden, ob und wie therapiert werden soll.

In diesem Buch werden diagnostische Erfahrungen und Ergebnisse und die Behandlungsmethoden dargestellt. Insgesamt konnten bereits bemerkenswerte Ergebnisse nachgewiesen werden. Das gilt nicht nur für die Behandlung von Lernschwierigkeiten, sondern auch für den allgemeinen Gesundheitszustand, das ganzheitliche Wohlbefinden und die Kreativität.

4 Ursachen für Lernschwierigkeiten

Wir gehen davon aus, dass es mannigfaltige Beziehungen und Verbindungen zwischen Körper und dem Gehirn und den verschiedenen Teilen des Gehirns untereinander gibt. Die folgenden Fragen sind von wesentlicher Bedeutung:

Welche Rolle spielt der Bewegungsapparat?

Einige Neurophysiologen behaupten, dass 80% aller im Gehirn verarbeiteten Sinneseindrücke aus dem Muskel- und Skelettsystem stammen. Wenn das stimmt, muß man auch davon ausgehen, dass Störungen in diesem Bereich des Körpers Funktionen des zentralen Nervensystems beeinträchtigen müssten und umgekehrt.

So erscheint es nicht als bloßer Zufall, dass ein hoher Anteil von Kindern mit Lernschwierigkeiten auch unter Störungen des Bewegungsablaufes und der Koordination leidet.

Im Hinblick auf den Bewegungs- und Koordinationsstatus eines jeden Kindes können verschiedene klar umrissene Größen gemessen und zugeordnet werden. Bei sofortigen Nachuntersuchungen nach der Behandlung lassen sich dann Befunde erheben, die deutlich verbesserte Funktionen zeigen.

Das Zusammenspiel der Haltungsmuskeln in der Balance

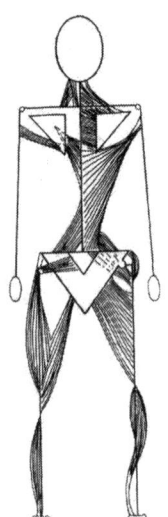

Welche Rolle spielt der Stress?

Immer wieder wird die Frage gestellt, ob Kinder mit Lernschwierigkeiten einem höheren Stress ausgesetzt sind als ihre »normalen« Altersgenossen? Der Stressforscher und Wiener Arzt Hans Selye formulierte: »Stress ist nicht nur als psychologischer Begriff zu verstehen, sondern bezeichnet die Summe aller Anpassungsprozesse sowie physische und psychische Reaktionen, mit denen ein Lebewesen auf die spezifischen Anforderungen seiner inneren und äußeren Umgebung reagiert.«

Wie wirken sich diese Prozesse bei betroffenen Kindern aus? Kinder mit Lernschwierigkeiten stehen immer unter vermehrtem Stress. Ihr Gehirn muss auf Grund der mangelnden Integration ständig vermehrt arbeiten, und auch die von außen heran getragenen Anforderungen führen zu einem vermehrten Stress. Wie wir gesehen haben, führt Stress aber zu Blockaden und damit zu einer Verstärkung der Teilleistungsstörung.

Welche Rolle spielt die Ernährung?

Es zeigt sich, dass manche unserer Kinder aus den verschiedensten Ursachen (beispielsweise zuckerreiche Kost, Nahrungsmittelunverträglichkeiten) in den Zustand einer Unterzuckerung geraten. Zucker (*Glukose*) ist der einzige Nährstoff, den unser Gehirn verarbeiten kann. Wenn der Blutzucker sinkt, werden die Konzentrations-, Lern- und Denkfähigkeit in Mitleidenschaft gezogen. Dies klingt fürs Erste paradox, aber durch den vermehrten Zuckergenuss steigt die Insulin- und Adrenalinproduktion, was dann zu Unterzuckerung führt. Man sollte meinen, dass der Blutzuckerspiegel durch den Verzehr von Süßigkeiten und Schokolade angehoben werden kann, aber dadurch ergibt sich der oben beschriebene unselige Kreislauf aus erhöhter Zuckerzufuhr – erhöhter Insulinproduktion – daraus resultierender Unterzuckerung – erhöhter Zuckerzufuhr u.s.w.; auch Nikotin, Alkohol und Drogen haben den Effekt, den Blutzuckerspiegel kurzzeitig anzuheben und den Kreislauf in Gang zu setzen. Die Frage nach einem Zusammenhang zwischen dem Konsum solcher Reizstoffe und Verhaltensauffälligkeiten liegt daher auf der Hand. Die bereits durchgeführten Studien und Beobachtungen führen rein wissenschaftlich gesehen zu widersprüchlichen Ergebnisse, Versuche an amerikanischen Schulen erbrachten aber nach Nahrungsumstellung eine Verbesserung der schulischen Leistungen um 16 %.

Darüber hinaus besteht unsere typische Ernährung häufig aus industriell verarbeiteten, stark aufbereiteten Nahrungsmitteln. Dies und der unkontrollierte Zusatz von Industriezucker zu fast allen Fertignahrungsmitteln kann zu latenten Mangelzuständen an Vitaminen und essenziellen Nahrungsbestandteilen führen. Insbesondere für das Gehirn wichtige Nährstoffbestandteile werden bei industriellen Verarbeitungsprozessen leider radikal reduziert, einmal ganz abgesehen von den unzähligen Zusatzstoffen, die in bearbeiteten Lebensmitteln zu finden sind.

Nahrungsmittelergänzungsstoffe und Konservierungsmittel, die möglicherweise ungünstige Verhaltensreaktionen oder physiologische Veränderungen hervorrufen.

Farben Nr.	Farbe	Verdacht auf oder bekannte schädliche Nebenwirkung
102	Tartrazin	Hyperaktivität, Migräne, Asthma, Rhinitis, verschwommenes Sehen, Schlaflosigkeit, Hautreaktionen
110	Gelborange S	Asthma, Hyperaktivität, Hautreaktionen, Schwellungen, Magenbeschwerden, Erbrechen, möglicherweise karzinogen
120	Echtes Karmin, Cochenille	Hyperaktivität
122	Azorubin	Asthma, Hyperaktivität, Hautreaktionen, Schwellungen, Zurückhalten des Wassers im Körper
123	Amaranth	Asthma, Hyperaktivität, Hautreaktionen, möglicherweise karzinogen
124	Cochenille-rot A	Asthma, Hyperaktivität, Hautreaktionen
127	Erythrosin	Lichtempfindlichkeit, Hyperaktivität, Schilddrüsenüberfunktion, Gehirnstörungen, möglicherweise karzinogen
132	Indigotin I (Indigokarmin)	Übelkeit, Erbrechen, hoher Blutdruck, Hautreraktionen, Schwierigkeiten mit der Atmung, Hyperaktivität
142	Brillantsäuregrün BS	Asthma, Hyperaktivität
150	Zuckercouleur	Hyperaktivität, Durchfall
151	Brillant-schwarz BN	Hyperaktivität

Kon-serv.-mittel Nr.	Wirkstoff	Verdacht auf oder bekannte schädliche Nebenwirkungen
210	Benzoesäure	Hyperaktivität, Asthma, Hautreaktionen, Magenbeschwerden, Gehirnstörungen
211	Natriumbenzoat	Hyperaktivität, Asthma, Hautreaktionen
213	Calciumbenzoat	Hyperaktivität, Asthma, Hautreaktionen
216	Propylparaben	Hyperaktivität, Asthma, Kontaktdermatitis, Taubheitsgefühl im Mund
218	Methylparaben	Hyperaktivität, Asthma, Hautreaktionen
220	Schwedeldioxid	Hyperaktivität, Asthma, Magenbeschwerden
221	Natriumsulfit	Hyperaktivität, Asthma, Magenbeschwerden, Hautreaktionen
222	Natriumhydrogensulfit	Hyperaktivität, Asthma, Magenbeschwerden, Hautreaktionen
223	Natriumdisulfit	Hyperaktivität, Asthma, Magenbeschwerden, Hautreaktionen
224	Kaliumdisulfit	Hyperaktivität, Asthma, Magenbeschwerden, Hautreaktionen, Kreislaufzusammenbruch
250	Natriumnitrit	Hyperaktivität, Atembeschwerden, Blässe, Übelkeit, Erbrechen, Schwindel, Kopfschmerzen, niedriger Blutdruck, Kreislaufzusammenbruch

Antioxidans-Nr.	Wirkstoff	Verdacht auf oder bekannte schädliche Nebenwirkungen
320	Butylhydroxyanisol (BHA)	Hyperaktivität, Hautreaktionen, Asthma, möglicherweise karzinogen
321	Butylhydroxytoluol (BHT)	Hyperaktivität, Hautreaktionen, Asthma, möglicherweise karzinogen

Geschm. verstärker Nr.	Wirkstoff	Verdacht auf oder bekannte schädliche Nebenwirkungen
620	Glutaminsäure	Muskelverhärtungen, Taubheitsgefühl, Durst, Übelkeit, Herzklopfen, Schwindel, Ohnmacht, Kopfschmerzen, kalter Schweiß, Asthma, Hyperaktivität

Geschm. verstär- ker Nr.	Wirkstoff	Verdacht auf oder bekannte schädliche Nebenwirkungen
621	Natriumglutamat	Muskelverhärtungen, Taubheitsgefühle, Durst, Übelkeit, Herzklopfen, Schwindel, Ohnmacht, Kopfschmerzen, kalter Schweiß, Asthma, Hyperaktivität
622	Kaliumglutamat	Übelkeit, Erbrechen, Durchfall, abdominelle Krämpfe, Kopfschmerzen, Asthma, Hyperaktivität
623	Calziumglutamat	Asthma, Hyperaktivität
627	Natriumguanylat	Asthma, Hyperaktivität, Gicht

Welche Wirkung hat negativer Stress auf die Augen?

Die Augen neigen dazu, sich unter Stress auf die Ferne einzustellen. Was geschieht nun, wenn Kinder, die durch ihre Teilleistungsstörung unter Stress stehen, dazu gezwungen werden, beim Schreiben in die Nähe zu schauen? Könnte das den Stress verhaltensauffälliger Kinder weiter verstärken? Es ist wohl davon auszugehen, dass dieser Umstand solchen Kindern das Lesen und Schreiben nicht eben erleichtert.

Wie reagieren die Nebennieren auf anhaltende Belastung?

Die Nebennieren haben unter anderem die Aufgabe, Kortisol zu produzieren. Die Hormone der Nebenniere sorgen für die Alarmreaktion im Körper. Das Nervensystem wird in Alarmbereitschaft versetzt, der Blutdruck steigt, wir bereiten uns auf Kampf oder Flucht vor. Bei einer durch anhaltende Belastung, sprich Stress, bedingten relativen Erschöpfung mit nachfolgender funktioneller Unterfunktion der Nebennieren wird die körpereigene Kortisolproduktion vermindert. Diese Tatsache trägt entscheidend dazu bei, dass viele Kinder mit Lernschwierigkeiten häufig an Autoimmunstörungen (Asthma, Ekzeme, Neurodermitis und Heuschnupfen) erkranken. Kortisol wirkt entzündungshemmend und bremsend auf das Immunsystem. Dies gilt aber genauso umgekehrt, denn auch ständiger »Stress« durch Allergie und Unverträglichkeiten erschöpft die Nebennieren, deren Hormone dann für Stressreaktionen fehlen.

Ist es denkbar, dass Neurotransmitter, die das Kommunizieren zwischen Körperzellen gewährleisten, eine wesentliche Rolle im Immun- und im Nervensystem spielen?

Forschungen der letzten 20 Jahre haben gezeigt, dass alle Zellen des Körpers miteinander über Botenstoffe in Verbindung stehen, sich gegenseitig beeinflussen und voneinander abhängen. Früher sprach man von der Macht des Geistes über den Körper, heute weiß man, dass der Geist den Körper nicht beherrscht, sondern Körper ist. Körper und Geist sind eins. Wir wissen, dass das Immunsystem wie das Zentralnervensystem die Fähigkeit eines Gedächtnisses und des Erlernens hat. Wie in der chinesischen Medizin seit Jahrtausenden beschrieben, sind Körper und Geist untrennbar.

5 »Many and various are the kinds of fish that inhabit this pool« oder »Jeder Fall liegt anders«

Unter dem Etikett Lernschwierigkeiten wird eine Vielzahl verschiedener Störungen zusammengefasst. Darunter fallen Kinder, die Schwierigkeiten beim Schreiben, Lesen oder Buchstabieren haben, aber auch solche mit folgenden Problemen:

- Aufmerksamkeitsdefizite
- Gedächtnisstörungen
- Redeverlangsamung
- Hyperkinesis (Überaktivität)
- Dyspraxie (Ungeschicklichkeit)
- Koordinationsschwierigkeiten
- Verhaltensauffälligkeiten
- Störungen aus dem autistischen Spektrum
- Nahrungsmittelunverträglichkeiten
- Allergien
- Immunschwächen
- Emotionale und psychologische Störungen

Wir haben es bisher deshalb auch mit den unterschiedlichsten Therapieansätzen und -formen zu tun (eine jede mit ihren Erfolgsmeldungen, Verfahren und Befürwortern). Alle bieten sie Erklärungen dafür an, welchen Ursprungs die Probleme sind und wie man sie behandeln solle. So gibt es soziologische, psychologische, physiologische, anatomische, genetische und pädagogische Theorien wie auch Erklärungsmodelle, die auf der Annahme beruhen, dass Ernährungsstörungen, Umwelteinflüsse und motorische Wahrnehmungsstörungen die Ursache von Teilleistungsstörungen sind.

Lernschwierigkeiten verstehen

Keine Disziplin verfügt für sich allein über alle notwendigen Informationen zur Behebung der verschiedenen Symptome der lernbehinderten Bevölkerung.

Die verschiedenen Diagnosekriterien sind vielfach diskutiert worden. Ich bin der Ansicht, dass es am besten wäre, sich zunächst einmal klar zu machen, dass jeder Fall anders liegt. Hilfreich wäre auch, trotz einer ähnlichen Symptomatik die Kombination der Faktoren, die jedes Kind beeinflussen, von Fall zu Fall individuell zu betrachten. Deshalb brauchen wir speziell ausgebildete Lehrer, die auf jedes Kind individuell eingehen, um dessen persönliche Fähigkeiten zu fördern. Individualisierte Diagnose- und Behandlungsprogramme sollten mit der gleichen Aufmerksamkeit dem speziellen Anforderungsprofil eines jeden Kindes angepasst werden. Und die Lehrmethoden müssen sich an den speziellen Bedürfnissen der Schüler orientieren.

Es ist von besonderer Bedeutung, die Skepsis vieler Fachleute und insbesondere der Erziehungswissenschaftler zu überwinden, die aus unerfindlichen Gründen glauben, dass die Lernfähigkeit ausschließlich in das Hoheitsgebiet der Lehrmethoden fiele. Stattdessen muss der Zusammenhang mit neurologischen, physischen, ernährungsphysiologischen und psychologischen Aspekten verdeutlicht werden.

Fazit: Lernschwierigkeiten haben ihren Ursprung in einer Verminderung »normaler« Fähigkeiten, die in Folge von Funktionsstörungen auftreten. Ihre individuelle Beurteilung ist daher von wesentlicher Bedeutung, um die Lücke im System zu entdecken und rechtzeitig zu behandeln. Auf diese Weise können die Kinder ihre Fähigkeiten entdecken und ein glückliches, gesundes und erfülltes Leben führen.

Die übergeordnete Bedeutung des vernetzten Nervensystems

Für alle Kinder gilt gleichermaßen die Erkenntnis, dass die Symptomatik ihrer Erkrankungen über das neuronale System gesteuert wird. Auf der Ebene des Hypothalamus und des extrazellulären, flüssigen Bereichs des Gewebes vermitteln Neurotransmitter oder Polypeptide die Aktivitäten des Bewegungs- und Sinnessystems. Auch das Autoimmunsystem, das autonome Nervensystem und die Drüsen, Organe und sogar Gefühle sind auf die »vermittelnden Dienste« der Neurotransmitter angewiesen. Es ist deshalb falsch, in der Ökologie menschlicher Chemie Verstand, Körper und Stoffwechsel getrennt zu betrachten.

Die Muskeln und das Skelett haben den größten Anteil an der Körpermasse. In das System des Bewegungsapparates sind ca. 650 Muskeln, ca. 205 Knochen und Hunderte von Gelenken einbezogen. Reagieren bestimmte Muskeln überaktiv (angespannt), wenn sie eigentlich entspannt sein sollten, oder weisen sie einen verminderten Tonus auf, wenn sie eigentlich aktiv (stark) sein sollten, wird es schwierig, das Gleichgewicht und die Koordination aufrecht zu halten. Andere Muskeln müssen einspringen, um die gestörte Balance auszugleichen, und das Gehirn muss einen erheblichen Anteil seiner Kapazität bereitstellen, um solche Korrekturen einzuleiten. Dass diese Anstrengung die Konzentrationsfähigkeit und das allgemeine Verhalten des Kindes beeinflußt, ist ein naheliegender Schluss. Sicher hat das Kind, das unter solchen Störungen leidet und entsprechende Ausgleichsleistungen erbringen muss, einen großen neurologischen Nachteil.

Beobachtungen in den USA, dass teilleistungsgestörte Jugendliche in Militärakademien besser zurechtkommen als in ihrem vorherigen Altagsleben, lassen sich aus den Marschierübungen erklären, die die »Überkreuzbewegung« simuliert, auf denen Paul Dennison das System der Edukinesthetik aufgebaut hat. Kurzfristig verbessern diese Übungen den Integrationsgrad des Gehirns und sorgen so für verbesserte Leistungen.

Wie die Sunflower-Terapie funktioniert (Fallgeschichten):

Als Hinweis für die Wirksamkeit der Sunflower-Therapie werden im Folgenden Fallgeschichten und Auszüge aus Briefen der Eltern an Marc Mathews wiedergegeben:

Peter

Im Alter von neun Jahren wurde Peter als Legastheniker eingestuft. Er konnte kaum lesen. Seine Schreibfähigkeit war etwas besser, aber für einen Neunjährigen unzulänglich. Außerdem hatte er keine Lust zu schreiben. Seine Lehrer berichteten, dass sein Verhalten altersgerecht und Peter überhaupt ein heller Kopf sei. Er war jedoch nicht in der Lage, mit der täglichen Arbeit in der Klasse zurechtzukommen.

Peter blieb am liebsten zuhause. Da er häufig müde war, saß er meistens mehr oder weniger teilnahmslos herum. Seine Mutter berichtet: *Ich hatte immer versucht, Peter bei den Schularbeiten zu helfen. Doch als er im Helen Arkell Dyslexie-Zentrum untersucht worden war, musste ich mich umstellen. Von nun an lernte ich, Speziallehrer zu werden, um ihm besser helfen zu können. Ich begann, ihm Wege zum Lesen zu eröffnen und schon an seinem zehnten Geburtstag hatte Peter große Fortschritte gemacht. Aber er litt weiter an Müdigkeit und Erschöpfung. Richtig froh haben wir Peter nur während seiner Ferien oder an Feiertagen erlebt.*

In einem Brief schrieb sie später weiter: *Peter bekam immer noch Nachhilfe durch mich. Als er in die weiterführende Schule kam, erarbeiteten wir große Teile des Lehrstoffes zu Hause und versuchten so, Peter mit seinen Klassenkameraden auf einem Stand zu halten. Seine ständige Müdigkeit ließ nur kurze Lerneinheiten zu und trotz häufiger Pausen war Peter manchmal nicht in der Lage, weiter zu machen, er war jedoch hoch motiviert. Es war sein echter Wunsch zu lernen und das ermutigte mich, wenn ich daran zweifelte, ob ich ihm überhaupt helfen konnte.*

Im April 1993 war Peter die Anstrengung förmlich anzusehen. Die Müdigkeit schien mehr und mehr von ihm Besitz zu ergreifen. Er hatte am ganzen Körper Ausschlag. Mein Mann und ich dachten schon, es wäre das Beste, Peter von der Schule zu nehmen und ihn selbst zu unterrichten. Aber das hätte ihn an der Entwicklung seiner sozialen Kontakte gehindert. Zu dieser Zeit hörte ich das erste Mal von Mark Mathews und dem Reve Pavillon.

Peter kam zu dieser Zeit einmal pro Woche zu Mark in die Praxis und erhielt Kautabletten, die er auch brav nahm. Obwohl sie ihm nicht schmeckten, gab Peter nach wenigen Tagen an, dass es ihm besser ginge. Er musste auch nie daran erinnert werden, seine Tabletten einzunehmen. Nach drei Wochen hatte er spürbar mehr Energie. Er begann sogar, nach der Schule in die Stadt zu radeln. Es kam uns vor, als hätten wir es mit einem anderen Menschen zu tun. Andere Kinder riefen ihn an und verabredeten sich mit Peter, um mit ihm zu spielen. Manche seiner neuen Freunde kamen auch bei uns vorbei und halfen Peter bei den Hausaufgaben. Seine Zuversicht wuchs, und er ging jetzt sehr gern in die Schule. Er verbesserte sich auch im Sport und wurde ganz allgemein ein froherer, gesünderer Junge. Natürlich ist Peter nach wie vor Legastheniker und der Alltag stellt ihn auch jetzt noch vor Probleme. Aber seine neue Energie, Zuversicht und Motivation erlauben ihm, die Schule trotzdem zu bewältigen. Der Kontakt zu Mark hat Peters Leben wirklich zum Besseren verändert.

August 1996 – Aktualisierung:
Peter hat gute Fortschritte in der Schule gemacht. Er hofft Maschinenbau oder Computerwissenschaften studieren zu können und hat einen Platz im Farnborough College in Aussicht. Peter spielt gut Tennis, ist ein geschickter Mountainbiker und entwirft gerne neue Spiele an seinem Computer. Obwohl er immer ein Legastheniker bleiben wird, kommt er mit seinem Leben zurecht. Er weiß, wann er Hilfe braucht und scheut sich auch nicht, darum zu bitten. Wir sind als Familie richtig stolz auf Peter und wissen, dass Marks Behandlung einen Wendepunkt in Peters Entwicklung bedeutete.

Jonathan

Jonathans Mutter schreibt:
Ich ging auf Empfehlung der pädagogischen Psychologin Elizabeth Thomas, die meinen Sohn untersucht hatte, zum Reve Pavillon. Sie war der Ansicht, Jonathan sei Legastheniker und eine Behandlung bei Mark Mathews könne meinem Sohn helfen.
Schon nach wenigen Besuchen zeigten sich erste Änderungen in Jonathans Verhalten, die auch seine Lehrer bemerkten. Seine Konzentrationsfähigkeit hatte zugenommen, darüber hinaus war er nicht mehr so aggressiv und hatte weniger Stimmungsschwankungen. Im Lauf des zurückliegenden Jahres haben diese Veränderungen Jonathans Gesundheit und Entwicklung nachhaltig beeinflusst. Er ist kooperativer geworden; zu Hause und in der Schule. Seine Einstellung zur Schule insgesamt hat sich im gleichen Maße verbessert wie seine Leistungen im Buchstabieren, Schreiben, Lesen und in der Mathematik. Während Jonathan Football früher wegen seiner Koordinationsschwächen nicht hat leiden können, hat er mittlerweile ein echtes Faible für Ballsportarten entwickelt.
Ich bin der Ansicht, dass Jonathans Veränderungen die normalen Entwicklungsfortschritte, die er ohne diese Behandlung gemacht hätte, bei weitem übertreffen.

Simon

Simons Mutter erzählt im Oktober 1993:
Erste Anzeichen, dass etwas mit Simon nicht stimmte, tauchten in der Vorschule auf, kurz vor seinem fünften Geburtstag. Aufgrund seiner Konzentrationsschwäche war er sehr leicht ablenkbar und musste deswegen häufig allein sitzen. Obwohl Simon immer schon ein waches, interessiertes Kind war, machten seine Freunde in der Schule viel bessere Fortschritte. Wir konnten uns nicht erklären, woran das lag und wechselten deswegen die Schule. Wir erhofften uns von einer kleineren Schule mehr Aufmerksamkeit und Hilfe für Simon. Er lebte sich gut ein, hatte aber unverändert Probleme, sich zu konzentrieren. Außerdem war er unruhig, litt unter Blasenentzündungen und Bauchschmerzen und schien ganz allgemein unter starkem Stress zu stehen. Im Laufe des ersten Halbjahres der zweiten Schulklasse erkannte Simons Lehrer, dass unser Sohn wahrscheinlich Dyslexie hatte. Als Vater eines Legasthenikers hatte der Lehrer einen geschulten Blick und erkannte einige Gemeinsamkeiten. Ich bekam einen Brief vom Direktor der Schule. Er schrieb, dass Simon offensichtlich ein überdurchschnitt-

lich intelligentes Kind sei, aber große Schwierigkeiten bei schriftlichen Arbeiten habe. Er schlug deshalb vor, Simon von einer pädagogischen Psychologin untersuchen zu lassen. Die Ergebnisse ergaben, dass Simon einen Verbalen IQ [Sprachfähigkeiten wie Vokabular, allgemeines Wissen, mündliches Verständnis und Umgang mit Zahlen] von 131 (= sehr überlegen), einen Handlungs-IQ [visuelle, konstruktive und manipulative Fähigkeiten] von 105 (= durchschnittlich) und einen Gesamt-IQ von 121 hatte (= überlegen), aber Legastheniker sei. Die Psychologin empfahl uns, Mark Mathews aufzusuchen, der legasthenische Kinder mit gutem Erfolg behandeln würde.

Als wir Simon zu Mark in die Praxis brachten, war bei unserem Sohn ein allergisches Asthma diagnostiziert worden. Das machte ihn noch schüchterner und zaghafter, als er ohnehin schon war. Ein blasser, zerbrechlich wirkender Junge, der eine schwere Last vielschichtiger Probleme mit sich herumtrug. Mark begann mit der Behandlung der strukturellen Defizite, noch ehe er mit all dem fortfuhr, was man heute unter der Sunflower-Therapie versteht. Die Behandlung erwies sich als langwierig und zäh, aber Simon war froh, seinen Beitrag leisten zu können. Er musste eine strenge Diät einhalten und Vitamine und orthomolekulare Präparate einnehmen. Mit Marks Hilfe wurde er langsam selbstsicherer. Sein Allgemeinzustand schien sich zu verbessern, er sah nicht mehr blass und ängstlich aus und hatte keine nervösen Bauchschmerzen mehr.

Nachdem in der Schule bekannt wurde, dass Simon Legastheniker war, bekam er auch dort spezielle Hilfe. Manche Schulen haben eigene Fördereinheiten für legasthenische Kinder, und Simon hatte jede Woche zwei zusätzliche Förderstunden. Als ihm klar wurde, dass man ihm helfen wollte, blühte Simon richtig auf. Am Ende des zweiten Schuljahrs waren seine Lehrer sehr zufrieden mit ihm. Er bekam sogar einen Preis für besondere Erfolge.

Seine Behandlung dauerte insgesamt etwa sechs Monate, und die Psychologin fragte uns, ob sie Simon noch einmal prüfen könne. Die Prüfung zeigte den gleichen Verbalen IQ 131 (sehr überlegen) und eine Zunahme im Handlungs-IQ auf 120 (überlegen) und insgesamt einen IQ von 128 (überlegen).

Ich glaube, dass dieser Erfolg ohne Marks Hilfe, seine Geduld, sein Verständnis, seine Hingabe und seine Unterstützung nicht möglich gewesen wäre.

Joan

Joans Vater berichtet ausführlich:
Ich glaube nicht an Wunder – es gibt sie einfach nicht, oder? Aber ich wurde Zeuge von etwas, dass einem Wunder schon sehr nah kommt. Von Beruf Mechaniker möchte ich, dass Sachen funktionieren, und wenn sie nicht funktionieren, möchte ich wissen warum. Problemlösungen sind meine Lieblingsbeschäftigungen – systematische Detektivarbeit, die Schritt für Schritt and Stück für Stück den Fehler an der Wurzel packt.

Vielleicht ist das der Grund, warum ich Legasthenie so verblüffend finde. Vieles an meiner achtjährigen Tochter ist perfekt, aber die Legasthenie stört diese Perfektion und lässt mich manchmal an ihr zweifeln. An manchen Tagen kann sie Sachen, an manchen nicht. Es ist wie ein Puzzle, das nur manchmal zusammen passt – es macht einfach keinen Sinn.

Eine Therapie zu finden, die sich ihren Problemen in einer strukturierten, systematischen Weise nähert, war für mich wie eine Offenbarung. Applied Kinesiology klingt vielleicht komisch, aber an ihren Bestandteilen, die manchen vielleicht etwas seltsam vorkommen mögen, gibt es nichts Falsches.

Tatsächlich, alle ihre Elemente – strukturelle und viscerale Osteopathie, Kraniosakrale Osteopathie, Akupressur, Homöopathie und Psychologie – werden im Einzelnen von der konventionellen Medizin akzeptiert. Für den Legastheniker oder das Kind mit Lernschwierigkeiten ist die Summe dieser Einzeltherapien viel größer. Dieses Paket verschiedener Maßnahmen wurde genau auf die Probleme zugeschnitten, die diese Kinder mit sich herumtragen.

Meiner Ansicht nach möchte die konventionelle Medizin jedem Leiden einen Namen geben und jedem Zustand ein Etikett aufkleben. Die Legasthenie gibt es aber nicht – was vielleicht erklärt, warum schematisierte einseitige Behandlungen nur wenig oder keinen Erfolg bringen, ganz egal, ob man den besten Kinderarzt, Psychotherapeuten oder Optiker besucht. Sie können immer nur Dinge in ihrem eigenem Feld finden – das jeweils nur ein kleines Stück der Legasthenie abdeckt. Meine Frau und ich brauchten acht Jahre und 16 verschiedene Anläufe, um das herauszufinden.

Das Leben unserer Tochter begann mit einem Notfallkaiserschnitt, doch ihre Probleme stellten sich erst im neunten Monat ein. Wenn sie auf dem Rücken lag, schien sie wie eine Banane geformt zu sein, wobei die Beine nach rechts gebogen waren (heute als KISS-Syndrom bezeichnet).

Wir besuchten unseren Hausarzt, der uns an einen Kinderarzt verwies. Die nächsten zwei Jahre wurde unsere Tochter überwacht. Ihre Haltung verbesserte sich, aber die Vorsorgeuntersuchungen zeigten, dass sie in ihrer Entwicklung ihren Altergenossen hinterherhinkte. Irgendwann einmal wurde sogar eine Epilepsie diagnostiziert, weil sie beim Spielen hin und wieder »abschaltete«. Ihr EEG und GehirnCT waren aber normal.

Drei Jahres wurde sie wöchentlich physiotherapeutisch und ergotherapeutisch behandelt. Unsere Tochter fing an zu blinzeln, also suchten wir einen Augenarzt auf, ihre Sprache wurde von einem Sprachtherapeuten überwacht ... und so ging es weiter und weiter. Das einzige Problem bei diesem Ansatz lag darin, dass es nach Beendigung der Therapie immer wieder hieß: Das war es dann. Alle hatten getan, was sie konnten. Unsere Tochter war Legasthenikerin und damit war es unser Problem.

Auch wenn wir dankbar waren für die bisher durchgeführten Therapien, so gab es keine weiteren Anregungen, um die Dinge voranzutreiben. Fachkundiger Rat war nicht zu bekommen, und alles andere würden wir selbst finden können. In den letzten vier Jahren gingen wir zu einem Lernpsychologen in einem Legasthenie-Center, versuchten sechs Monate lang Elfax, hatten eine Sitzung mit Uri Geller, trafen uns mit Dr. Amanda Kirby (einer Ärztin, die das Discovery Center in Cardiff für Legastheniker aufbaute), schickten unsere Tochter in Sommerkurse, um ihr bei Mathe und Englisch zu helfen, hatten sechs Sitzungen mit Craniosacraler Osteopathie, kauften ein Jahresprogramm mit täglichen Augenübungen und zum Schluss versuchten wir Mark Mathews' Methode der Applied Kinesiology.

Die vorletzten beiden Therapien hatten einen positiven Effekt, aber die Sunflower-Therapie gab uns echte Hoffnung. Wir hörten von Mark Mathews über verschiedene Eltern, die Probleme mit ihren Kindern hatten. Lillian Malt, die Leiterin der Sommerkurse, hatte in Mark Mathews' Reve Pavillion gearbeitet und kannte seine Arbeit aus eigener Erfahrung.

Dank unserer Beharrlichkeit und Mark Mathews' Willen, uns zu helfen, nahm unsere Tochter an einem seiner Trainingskurse teil, wo er anderen Ärzten seine Techniken beibrachte. Statt einer normalen Therapie über sechs bis acht Monate bekam unsere Tochter vier Sitzungen intensives Training an zwei aufeinander folgenden Tagen, vier weitere Sitzungen folgten sechs Wochen später.

Das Ergebnis der Osteopathie und der Akupressur des ersten Tages waren einfach beeindruckend. Unsere Tochter veränderte sich vor unseren Augen. Das schüchterne, schwache, verwirrte kleine Mädchen *mit schlechter Haltung und Balance, das wir am ersten Tag einlieferten, hielt sich plötzlich aufrechter, war sicher auf den Füßen und aufmerksam und das nach nur 48 Stunden.*

Wie viel sich verändert hatte wurde zu Hause sofort klar. Sie konnte die Treppen hoch und runter rennen, was sie vorher nur schrittweise getan hatte. Sie wurde in Armen und Beinen kräftiger und hatte ein richtiges Gefühl für ihre Hände und Füße. Sie konnte uns während des Fernsehschauens zuhören, was ihr zuvor völlig unmöglich gewesen war.

Nach dem zweiten Tag fanden wir endlich heraus, warum sich ihr Können von einem auf den anderen Tag verändert hatte. Homöopathische Tests ergaben, dass ihr Stoffwechsel Probleme (bei der Verarbeitung von Schokolode, Zucker, Käse und Tartrazinen Farbstoff) hatte. Das nahm ihr alle Energie und damit Kraft und Aufmerksamkeit.

Eine Diät, Vitaminzufuhr und Mineraliensubstitution sowie einige homöopathische Medikamente zur Verbesserung der Verarbeitung dieser Nahrung bewirkten einen riesigen Unterschied. Ein Kind ohne Zucker und Schokolade zu ernähren ist sehr schwierig, aber die Teilnahmslosigkeit, in die sie verfiel, wenn sie beides aß, war einfach offensichtlich. Die extremen Stimmungsschwankungen zwischen aufgeweckt und völlig teilnahmslos verringerten sich stark.

Nach Abschluss der Therapie bemerkten Mitmenschen, die unsere Tochter kannten, den großen Unterschied. Ihre Lehrer sahen, wie viel entschlossener und aufmerksamer sie war. Sie erkannten außerdem, dass sich ihr Lesen und ihre Aufmerksamkeit verbesserte. Sie wusste, wo sie in der Klasse saß, und brauchte keine wiederholten Arbeitsanweisungen mehr.

Unsere Tochter selbst spürte die Verbesserungen. Vor der Sunflower-Therapie sagte sie immer, dass Leute zu leise für sie sprächen. Deshalb fand sie es schwer, Geschichten anzuhören und musste sich das gleiche Video immer wieder ansehen. Die meisten Fernsehshows verstand sie nicht. Wie sie die Welt sah, läßt sich nur vermuten – als ungeordnetes Konglomerat von Leuten, Orten, Bewegungen und Maschinen.

Unserer Ansicht nach machte ihr Verständnis von ihrer Umwelt einen wirklichen Quantensprung. Das galt auch für ihre Balance – die immer ein Problem gewesen war: Sie erlernte in nur einer Woche nach ihrer Behandlung bei Mark Mathews das Fahrradfahren ohne Stützräder.

Sie läuft und rennt normal, ihr Durchhaltevermögen ist exzellent und ihr Schlaf viel tiefer, ihre zuvor häufigen Kopfschmerzen hatte sie nur noch selten. Ihr Buchstabieren verbesserte sich sehr, so dass sie nun auch lange Worte vorwärts und rückwärts buchstabieren kann!

Sie ist zwar immer noch nicht auf der Höhe ihrer Möglichkeiten und weit entfernt davon, perfekt zu sein, aber sie verbessert sich konsequent und wird noch weitere sechs monatliche »Inspektionen« brauchen, um den Erfolg zu überwachen und sie richtig einzustellen. Ich mag diesen Ansatz. Er ist holistisch, er hält nichts für selbstverständlich, ist für die Überwachung da und hilft, wenn Hilfe nötig ist – die gleiche Methode, die Mechaniker benutzen: inspizieren, testen, überprüfen und reparieren. Vielleicht ist das der Grund, warum die Sunflower-Therapie vom Roehampton Institut in einer Studie wissenschaftlich überprüft wird, so dass sie weiter verbreitet werden kann.

Auch wenn die Sunflower-Therapie vielleicht nicht allen Kindern mit Lernschwierigkeiten helfen kann, können viele davon profitieren. Nach meiner Erfahrung hat nichts eine solch starke Wirkung auf diese ins Schleudern gekommenen Kinder. Wenn ich Revue passieren lasse, was meine Frau und ich in acht Jahren durchgemacht haben, dann kommt dieser Schlüssel, der das Tor zu den Möglichkeiten meiner Tochter geöffnet hat, für mich einem Wunder nahe.

6 Die Grundlagen der Sunflower-Therapie

Ein wesentlicher Grundsatz ist: »Wir behandeln keine Symptome, sondern Menschen, die Symptome entwickelt haben. Wir versuchen, die Ursachen der Symptome zu finden und zu behandeln, um die Störung zu beseitigen!«

Da alles miteinander in Verbindung steht, reicht die eindimensionale Betrachtung und eine darauf aufbauende Therapie nicht aus, um die zumeist vielschichtigen Störungen zu behandeln.

»Heilen« bedeutet für uns die Harmonisierung aller Bausteine eines lebenden Systems in der Beziehung zueinander. Die körperlichen und geistigen Ebenen unseres Organismus stehen miteinander in einer Wechselwirkung, so dass eine physische Beeinträchtigung auch eine psychische auslösen kann. Umgekehrt verhält sich das nicht anders. Werden die anfänglichen Warnsignale des Körpers rechtzeitig wahrgenommen und Dysbalancen beseitigt, so lassen sich Krankheiten oder ernstere Störungen vermeiden. Körperlich-seelische Balance ist die beste Voraussetzung, um Störungen und Krankheiten gar nicht erst entstehen zu lassen.

Jeder Mensch ist ein unverwechselbares, äußerst komplexes Individuum mit seinen eigenen genetischen Vorgaben und einer persönlichen Geschichte, deren Summe einen individuellen Symptomkomplex entstehen lässt.

Symptome lassen sich als Versuch des Körpers beschreiben, die Aufmerksamkeit auf eine bestimmte Störung zu richten.

Wir wissen, dass wir auf bewusster Ebene nur einige wenige Geschehnisse wahrnehmen und beeinflussen können. Die überwiegende Mehrzahl aller vitalen Prozesse wird vom Unterbewusstsein gesteuert. Wenn wir beispielsweise durch ein Zimmer gehen, sind Hunderte von Muskeln daran beteiligt. Müssten wir jeden Muskel auf der bewussten Ebene steuern, wären wir angesichts der ungeheuren Flut eintreffender Informationen nicht in der Lage, gleichmässig zu gehen.

Wir haben das Glück, von Natur aus mit einem »Autopiloten« bzw. »Bordcomputer« ausgestattet zu sein, der fast alle benötigten Informationen unbewusst verarbeitet. Dies hält unserem Verstand den Rücken frei, damit sich unsere Aufmerksamkeit auf ein bestimmtes Geschehnis oder einen Gedanken konzentrieren kann. Genau dieser Autopilot ist es, für den wir uns bei unserem Ansatz der Untersuchung und Behandlung interessieren, denn er ist in der Lage, Millionen von Aktivitäten zu steuern und eine Vielzahl von Ereignissen gleichzeitig zu verarbeiten. Selbst wenn sich die Dinge nicht so verhalten wie sie sollten, ist unser Organismus in der Lage, sich wieder und wieder auf veränderte Umstände einzustellen, um die wunderbare »Maschine Mensch« in Funktion zu halten. Diese Anpassungsprozesse verlaufen unterbewusst, um das Bewusstsein nicht zu stören. Erst wenn der Organismus die Funktionsstörungen alleine nicht mehr ausgleichen kann, setzt er das Bewusstsein darüber in Kenntnis, etwa durch Schmerz. Dann wird dem betroffenen Menschen zum ersten Mal bewusst, dass etwas nicht stimmt, obwohl es sich eigentlich um das Ergebnis einer ganzen Reihe zurückliegender, nicht ganz bewältigter Dysbalancen handelt.

Wir werden uns jetzt erst der Störung bewusst und beginnen, etwas dagegen zu unternehmen, um den normalen Status ausgeglichener Gesundheit zurückzugewinnen. Das zugrunde liegende Problem ist dabei nicht immer das, was letztlich Symptome auslöst.

Dem Arzt stehen für die Behandlung viele therapeutische Techniken zur Verfügung. Doch welche ist gerade für diesen Patienten und diesen Fall die richtige? Wo soll sie angewandt werden? Warum? Wann? In welcher Reihenfolge? Die Möglichkeiten und Kombinationen sind praktisch unbegrenzt.

Wir vertreten den Standpunkt, dass das Unterbewusstsein des Patienten die Lösung am besten weiß. Ähnlich dem Anschließen eines Diagnosesteckers bei einem Fehlercheck am Auto wird das unterbewusste Wissen angezapft. Die von uns entwickelte Diagnosemöglichkeit und Therapie, die auf der Forschung aus verschiedenen Disziplinen ganzheitlicher und naturheilkundlicher Medizin beruht, versteht sich als ein Kommunikationssystem, das es uns ermöglicht, den Bordcomputer unserer Patienten anzusprechen, um dessen Selbstheilungskräfte zu stimulieren. Unsere Therapien haben das Ziel, den Körper auf natürliche Art und Weise in den Zustand von Gesundheit zurückzuführen. Unsere natürlichen Behandlungsweisen haben den Vorteil, dass sie den Patienten nicht gefährden.

Es muss betont werden, dass die Patienten selbst ihre Heilung bewerkstelligen. Unser Beitrag liegt darin, die richtigen Begleitumstände für eine solche Heilung herbeizuführen. Unsere therapeutischen Eingriffe können struktureller, chemischer oder elektromagnetischer Natur sein, und nicht selten handelt es sich um eine Kombination dieser Faktoren.

Obwohl jeder Patient unverwechselbar und einmalig ist, hat

die Erfahrung gezeigt, dass allgemeine Prinzipien oftmals bei vielen Patienten anwendbar sind. So zeigt sich häufig, dass grobe strukturelle Belastungen eine negative Wirkung auf feinere Ebenen des Körpers ausüben. Man sieht außerdem oft, dass die angepassten Strategien des Körpers wie Schichten einer Zwiebel übereinander liegen. Entfernt man die äußeren Schichten, lassen sich verschiedene Symptome nacheinander freilegen.

Um diese Schichten zu ergründen, führen wir eine Folge von Testleistungen durch, die auf physiologischen Prinzipien aufgebaut sind. Am Anfang halten wir nach gröberen Störfaktoren Ausschau, um dann Stück für Stück tiefere Ebenen zu erreichen und letztendlich immer feinere Ebenen diagnostizierter Störungen zu behandeln.

Experimente haben nachgewiesen, dass die Gesundheit unseres Körpers ganz wesentlich von der Gesundheit unserer Zellen abhängt. Zu deren Gesunderhaltung benötigen wir ausreichend Sauerstoff, Wasser und Nährstoffe sowie ein logistisches System zum Transport der Substanzen und zum Abtransport der Verbrennungsprodukte. Wir haben keine Möglichkeit, unsere genetische Ausstattung zu verändern. Unsere Vergangenheit können wir ebenso wenig verändern wie andere Menschen. Das grundlegende Prinzip unseres Handelns ist die Forderung, unseren Einfluss dort geltend zu machen, wo wir etwas beeinflussen können – unser Leben und unseren Organismus mit all seinen Facetten.

Unser Körper ist die Umgebung, vor deren Hintergrund sich unser Leben abspielt. Was wir essen und trinken, wie wir mit unserer Hülle umgehen, welche Gedanken und Gefühle uns bewegen – all dies befindet sich im Idealzustand unter unserer Kontrolle.

Es gibt kaum eine Krankheit auf dieser Welt, von der nicht schon irgendjemand geheilt wurde. Die Voraussetzung für jeden Erfolg ist der Glaube an unsere Fähigkeit, das angestrebte Ziel zu erreichen. Das Wort »Glaube« erscheint in diesem Kontext keineswegs zufällig, denn die Zukunft birgt immer Risiken.

Wir (unser Körper) unterliegen einem ständigen Wandel. Und das nicht nur im übertragenen Sinne:
- Innerhalb einer Woche werden die Zellen der Mageninnenwand erneuert.
- 95 % unserer Körperzellen werden innerhalb eines Jahres ausgetauscht.

Haben wir also den Eindruck, dass wir uns seit einem Jahr in einem konstanten, gleich bleibenden Zustand befunden haben, so müssten wir korrekterweise eigentlich sagen, dass es uns gelungen ist, uns relativ identisch zu erneuern.

Diagnosen werden häufig leichtfertig gestellt. Mitunter sind sie mit einer »Selffulfilling prophecy« (sich selbst erfüllende Voraussage) zu vergleichen und das kann sich verheerend auswirken. Wenn sie ohne Hinterfragen ergeben hingenommen werden, werden sie reell, unabhängig davon, ob sie nun richtig sind oder nicht. Wer eine Diagnose überprüft und hinterfragt, hat damit zwar keine Garantie auf Heilung, aber immerhin eine bessere Chance. Untersuchungen in den USA mit unheilbar kranken Tumorpatienten haben den immensen Einfluss unserer Gedanken auf den Zustand unseres Körpers offenbart (Simonton). Ganze Therapiesysteme basieren auf diesen Erkenntnissen, die heute einen eigenen Wissenschaftszweig hervorgebracht haben: die »Psychoneuroimmunologie«.

»Die Hoffnung stirbt zuletzt und das ist gut so, denn die Hoffnung macht das Leben lebenswert«.

Anmerkungen zur Behandlung

Die Applied Kinesiology ist die natürliche Weiterentwicklung und Verbesserung osteopathischer und chiropraktischer Fähigkeiten. Lernschwierigkeiten interessieren die Osteopathie schon seit vielen Jahren. Als ich meine ersten osteopathischen Kurse besuchte, wurde auch mein Interesse für die in der Methode schlummernden Möglichkeiten geweckt. Als Vater eines legasthenischen Kindes hatte das Thema besondere Relevanz für mich. Mein Interesse an der Behandlung von Kindern wuchs durch die intensive Beschäftigung mit alternativen Behandlungsformen für eine Krankheit, die eigentlich keine ist, und den Kontakt zu vielen, mit eben diesen Problemen behafteten Kindern. Es handelt sich um ein breites, vielschichtiges Feld, dessen unterschiedliche Bereiche meine besondere Aufmerksamkeit auf sich zogen.

Osteopathen und Chirotherapeuten gehen mit dem funktionellen Ansatz einer Therapie ganz natürlich um. Als diese Form der Behandlung in den Kinderschuhen steckte, erwies sich die Konstruktion mechanistischer Beziehungen zwischen Mensch und Natur als sowohl geeignetes wie nützliches Modell. Erkenntnisse auf dem Gebiet der Neurophysiologie haben das Verständnis für die heilkräftigen Wirkungen der osteopathischen Behandlung verbessert und neue Modelle entstehen lassen.

Chirotherapeuten und Osteopathen verlassen sich auf ihre Sinne, um zu fühlen, zu hören und zu sehen, was mit dem Patienten nicht in Ordnung ist. Sie behandeln dann die gefundenen Störungen mit mechanischen Techniken. Die Applied Kinesiology stellt eine Fortentwicklung und Erweiterung dieser diagnostischen Möglichkeiten dar und bedient sich dabei eines speziell ausgeführten Muskeltests, um die Reaktion des zentralen Nervensystems auf verschiedenartige Belastungen im Sinne einer Provokation zu überprüfen. Detaillierte Testungen geben dem Therapeuten die Möglichkeit, die beste Behandlung für den Patienten auszuwählen und deren Erfolg zu bewerten. AK-Therapeuten können so unter Verwendung von Diagnosetechniken, die auf der Kommunikation mit dem unterbewussten (reflektorischen) Teil des Nervensystems basieren, die Genauigkeit ihrer Diagnose und Therapie auf ein wesentlich höheres Niveau heben.

Die Mitglieder des Internationalen College of Applied Kinesiology (*ICAK*) werden nach Beendigung des Medizinstudiums oder einer vergleichbaren Ausbildung (Zahnarzt, Chiropraktiker etc.) zum AK-Therapeuten weitergebildet. Diese »Postgraduierten-Weiterbildung« ist vergleichbar mit dem Erwerb anderer Zusatzbezeichnungen wie etwa Sportmedizin, Naturheilverfahren, Chirotherapie etc.

Wir leben im Informationszeitalter, und da ist es leicht nachvollziehbar, dass sich neugierige Menschen mit einem wissenschaftlich ausgerichteten Verstand und Interesse an nachweisbaren Informationen von der AK angezogen fühlen.

Das neuronale System ist der Vermittler aller strukturellen, chemischen und geistigen Aspekte menschlichen Lebens. Unsere Knochen werden von den Muskeln bewegt, die ihrerseits dem neuronalen Kontrollsystem unterliegen. Über Nervenbahnen und über Botenstoffe (*Neurotransmitter*) kommunizieren alle Teile des Körpers und des Gehirns miteinander und beeinflussen sich gegenseitig. So kann nichts in unserem Körper geschehen, ohne Einfluss auf alle anderen Teile und Funktionen zu haben. Dadurch eröffnet sich die Möglichkeit, durch muskuläre Reaktionen die Funktion und den Zustand vieler Systeme des Körpers abzufragen. Diese Testungen liefern dem AK-Therapeuten eine große Vielfalt unterschiedlicher Informationen. Einer der größten Vorteile der AK ist, dass die Wirkungen jeder Behandlung durch unmittelbare Nachtestungen überwacht und nachvollzogen werden kann.

Fazit: Man weiß seit vielen Jahren, dass Fehlfunktionen in den Reflexsystemen die Koordination, das Verhalten und die Lernfähigkeit beeinträchtigen. Die Behandlung dieser fehlerhaften Reflexantworten schließt neben der klassischen Medizin viele weitere komplementäre Therapieansätze wie Osteopathie, Craniosakrale Therapie, Homöopathie, Akupunktur, Ernährung und psychologische Techniken mit ein. Behandlungsformen, die sich an der AK orientieren, haben die Möglichkeit eröffnet, eine höhere neurologische Integration und Beständigkeit im neurologischen Grundmuster eines jeden Patienten zu erreichen.

Teilleistungsstörungen als Zeichen einer gestörten Balance

Der Unterschied zwischen Kindern mit Lernschwierigkeiten und solchen, die sich leicht tun, lässt sich anhand der Diskrepanz zwischen ihren Sinneseindrücken und ihrem Verhalten dokumentieren. Solche Anomalien sind vielgestaltig und können sich folgendermaßen ausdrücken:

- Unfähigkeit, sich an Namen zu erinnern bzw. Zahlen oder einfache Wörter trotz häufiger Wiederholung zu buchstabieren
- Verwendung von Spiegelschrift
- Rückzug aus normalen sozialen Beziehungen mit Gleichaltrigen
- Ungeschicklichkeit
- Konzentrationsschwäche
- Mangelnde Selbstkontrolle
- Mangel an Selbstachtung
- Verhaltensauffälligkeiten

Derlei Abweichungen vom »normalen« Verhalten haben häufig große Verzweiflung und Verwirrung zur Folge. Der damit einhergehende, negativ belastende Stress beeinflusst wiederum das Verhalten und verstärkt die Disharmonie. Dennoch muss betont werden, dass das scheinbare Fehlverhalten dieser teilleistungsgestörten Kinder die einzige Antwort darstellt, die sie unter diesen beeinträchtigenden Voraussetzungen zu geben imstande sind. Diese jetzt durch den Stress verstärkte Integrationsstörung führt zu weiteren Versagenszuständen und damit zu noch mehr belastendem Stress. Ein Kreislauf, der dringend unterbrochen werden muss, da es sonst für diese Kinder keine Chance gibt, der abwärts führenden Spirale des Versagens zu entkommen. Häufig holen sich diese Kinder dann ihre Erfolgserlebnisse auf anderen Gebieten (Störungen im Unterricht, Klassenclown, Cliquenführer, kriminelle Aktivitäten).

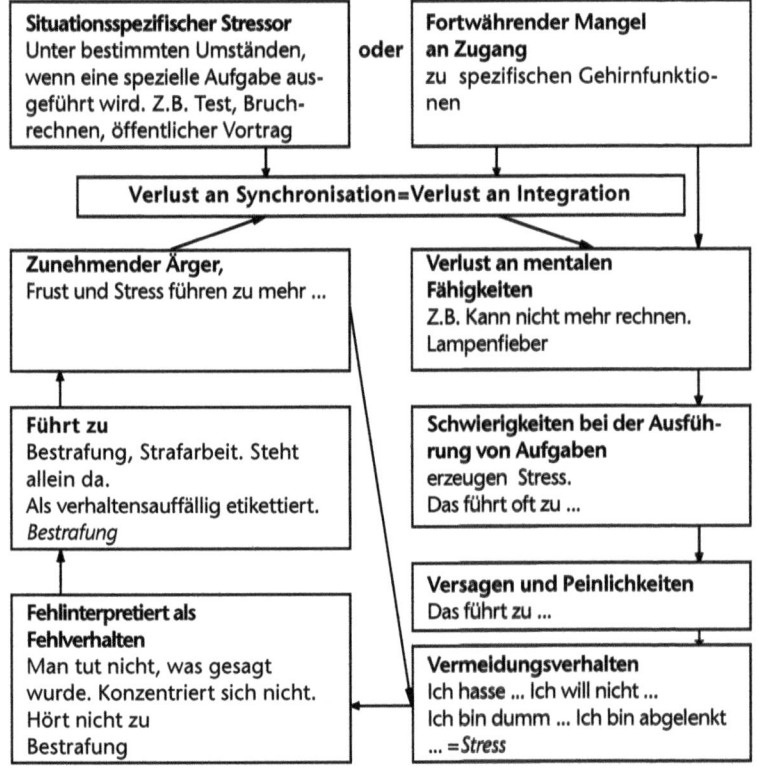

Gehirnintegration
Dies ist der Zustand, bei dem man zu allen relevanten Gestalt- und Logikleitfunktionen Zugang hat, wie auch zu den unterbewußten Verarbeitungszentren und den Bahnen, die diese Verarbeitungsmodule integrieren.
Integrierte Gehirnfunktionen erfordern die Synchronisation von Verarbeitungsvorgängen, die in weitverzweigten Subsystemen in vielen verschiedenen Teilen des Gehirns ablaufen. Ein Verlust des Timings oder der Synchronisation führt zu der Unfähigkeit, mentale Aktivitäten, die von integrierten Gehirnfunktionen abhängen, durchzuführen. Dies wird als Verlust der Gehirnintegration bezeichnet.

© Charles Krebs – VAK / IAK

Wenn ein Mangel an Zugriff zu spezifischen Gehirnfunktionen oder der Fähigkeit, die Funktionen zu integrieren, vorliegt, wird ein Vermeidungsverhalten bestimmten Aufgaben gegenüber initiiert. Nämlich den Aufgaben, deren Ausführung von diesen Gehirnfunktionen abhängt. Dies wird häufig als Fehlverhalten interpretiert.

Verbesserung des Ernährungsstatus

Stress kann nicht nur einen starken Einfluss auf die Psyche, sondern auch auf den Stoffwechsel im Allgemeinen ausüben. Ständiger negativ belastender Stress erhöht den Verbrauch bestimmter essenzieller Stoffe. Deshalb ist im Rahmen einer Behandlung häufig die gezielte Gabe fehlender orthomolekularer Substanzen oder Vitamine als Nahrungsergänzung notwendig, um den normalen physiologischen Status wiederherzustellen. Wenn der zusätzliche Bedarf an Vitaminen, Mineralien, essenziellen Fettsäuren oder Aminosäuren nicht gedeckt werden kann, bestimmt der Überlebensinstinkt unseres Unterbewusstseins, wo die knappen Vorräte verwendet werden. Diese Umverteilung der Ressourcen geschieht nicht selten auf Kosten untergeordneter, zum »Überleben« weniger wichtiger Systeme.
Unsere Gesundheit ist das Spiegelbild der unterschiedlichen physiologischen Prozesse und der Zellgesundheit. Gesunde Zellen benötigen einen adäquaten Vorrat an Wasser, Sauerstoff und Nährsubstanzen, andernfalls leidet die Fähigkeit der Zellen, sich zu regenerieren und Stoffwechselabbauprodukte auszuleiten.

Mit Hilfe der Applied Kinesiology wird jeder Patient auf folgende Parameter getestet:
- Säure-Basen-Gleichgewicht
- Sympatikus-Parasympatikus-Gleichgewicht
- Hormonsteuerungsgleichgewicht
- Entzündungsbekämpfungswege
- Freie Radikalen Neutralisationskapazität
- Leberentgiftungswege
- Aerobe und anaerobe Atmung
- Funktionen des Verdauungssystems
- Blutzucker-Gleichgewicht
- Muskel-Drüsen-Beziehungen
- Allergien und Überempfindlichkeiten

- Fettsäurestoffwechsel
- Schwermetallbelastungen

Die Reaktionen des Patienten auf bestimmte AK-Tests zeigen dem Therapeuten die geeignetste Ergänzung an Nahrungsbestandteilen, um das gestörte biochemische Gleichgewicht des Organismus wieder auszubalancieren.

Neuro-linguistische Programmierung (NLP)

NLP ist ein Weg, Menschen zum besseren Ausnutzen ihres Gehirns zu ermuntern. Der Mensch ist ein Gewohnheitstier und lernt durch Wiederholung. Durch das mehrmalige Wiederholen eines Handlungsablaufes wird dieser Ablauf mehr und mehr vom Unterbewusstsein automatisch gesteuert. Zum Schluss bedarf es nur noch des richtigen Auslösers, um die erlernte Handlung ablaufen zu lassen.

Diese Strategie hat sich als nützlich erwiesen, um mit dem Leben besser fertig zu werden. Hat man zum Beispiel einmal gelernt, ein Auto zu fahren, wird der erlernte Handlungsablauf größtenteils vom Unterbewusstsein gesteuert und der Kopf wird wieder frei für andere Aufgaben. Mitunter kann dieser Mechanismus menschlichen Lernens jedoch auch Nachteile haben. Im Rahmen des unterbewussten Speicherns wiederkehrender Handlungsabläufe entstehen so genannte Muster, die nicht immer für die Lernfähigkeit nützlich sein müssen.

Manche Lernmuster durch Nachahmung und Wiederholung, die wir besitzen und ständig anwenden, stammen aus einer Zeit, als sie für unser Überleben und unsere Entwicklung wahrscheinlich das optimale Programm darstellten. Aber wir Menschen haben uns in den letzten Jahrhunderten schneller entwickelt als unser archaisches Gehirn mit seinen Reaktionsmustern. So ist es denkbar, dass Reaktionsmuster, die einmal sinnvoll waren, in der Zwischenzeit unpassend geworden sind. Statt uns zu nützen, können überkommene Muster zu regelrechten Saboteuren werden, die uns daran hindern, das Beste aus unseren Fähigkeiten zu machen.

Vielen Kindern mit Lernschwierigkeiten stehen oft die wirksamsten Antworten auf bestimmte Erfordernisse nicht zur Verfügung, wenn diese das erste Mal bewältigt werden müssen. Sie entwickeln mit Hilfe des Unterbewusstseins ihre Fähigkeiten entsprechende Umwege und Ausweichprogramme, die oft zu Vermeidungsstrategien führen und dann im Unterbewusstsein leider als stereotype Reaktionsmuster gespeichert werden. Anschließend bleiben die Kinder dann in aufreibenden, falsch programmierten Umwegen gefangen, auch wenn sie die Anforderungen inzwischen auf leichteren Wegen bewältigen könnten. Diese falsch programmierten Muster können sich zu einem ernsten Hemmnis für die Entwicklung eines Kindes verdichten. Die »Umprogrammierung« dieser Wege mittels NLP-Techniken ist ein wesentlicher Teil der Behandlung, um belastenden Stress aus dem System zu nehmen und wieder Raum für einfache und effektive Reaktionsmuster zu schaffen.

Teilleistungsgestörte Kinder entwickeln beispielsweise ungezählte Techniken, eine anstrengende Arbeit nicht tun zu wollen. Allein der Gedanke an Hausaufgaben löst einen Abwehrmechanismus aus. Ändert sich dieses Muster nicht, so sabotiert das unbewusst ablaufende Reaktionsmuster jede Verbesserung der Situation. Selbst wenn die einst schwierige Arbeit inzwischen leicht von der Hand geht, »wehren« sich die eingefahrenen Muster immer noch. Auch bestimmte (negative) Erfahrungen lösen Reaktionsmuster aus. Bekommt ein Kind mehrfach von einem bestimmten Lehrer schlechte Noten mitgeteilt, so wird es sich bald allein beim Anblick des Lehrers schlecht fühlen und inadäquat reagieren. So bleibt es in der Versagensspirale hängen.

Erfahrungen mit Akupunktur und Akupressur – das Ganze sehen

Das chinesische Akupunkturmeridiansystem als Ausdruck eines Energiegleichgewichtes und einer Balance der Botenstoffe stellt eine Verbindung zwischen den hormonellen, muskulären und emotionalen Aspekten unseres Seins dar. Jede negative Emotion behindert das reibungslose Strömen von Energie in einem bestimmten Meridian. Welche Meridiane beeinflusst werden, hängt von der Natur negativer Emotionen ab. Auch die Drüsen und Muskeln, die mit dem betreffenden Meridian in Verbindung stehen, leiden unter diesem Vorgang. So gesehen schaffen wir mit negativen Emotionen selbst die Voraussetzungen für Krankheiten. In der westlichen Medizin nennt man dies dann psychosomatische Erkrankung. Doch die Meridiane sind natürlich keine »Einbahnstraßen«, die ausschließlich negative Fracht befördern. Ein positiver Gedanke nutzt die gleichen Pfade wie ein negativer, nur mit umgekehrter Wirkung. Positive Emotionen können somit als wichtige Grundlage von Gesundheit und Wohlbefinden angesehen werden.

In Verbindung mit einer gezielten gesunden Ernährung und Disziplinen wie der Homöopathie kann die Akupunktur/pressur dazu genutzt werden, Energieungleichgewichte im Körper auszugleichen und damit negative durch positive Einflüsse zu ersetzen. Ein harmonischer balancierter Energiefluss stärkt die inneren Organe und sorgt für den Abbau von negativ belastendem Stress. Durch die gleichzeitige Verwendung von Meditation und Autosuggestionstechniken aus der NLP können negative Speicherungen im Unterbewusstsein gelöscht und durch bessere ersetzt werden. Auf diesem Weg lassen sich fehlerhafte Neuroassoziationen umprogrammieren. Gerade bei Kindern kann das Neuprogrammieren zu regelrechten Durchbrüchen verhelfen, wenn sie ihr Selbstvertrauen und ihr Selbstbewusstsein mit der Zeit wiedererlangen. Zurückliegende positive Erfahrungen können in Fähigkeiten gewandelt werden, die dem Kind Tür und Tor zu einem gesellschaftlich und sozial befriedigendem Leben öffnen.

Unsere Erfahrung zeigt, dass NLP in Verbindung mit ärztlicher Behandlung und angepasster Nahrungsergänzung Kindern helfen kann, ihr physisches und psychisches Potenzial voll auszuschöpfen. Diese Kinder tun sich dann auch viel leichter zu lernen und genießen eine fröhliche, selbstverständliche Beziehung zu ihrer Umwelt.

Fazit: Kinder mit Lernschwierigkeiten haben eine variable Mischung aus physischen, psychischen, geistigen und emotionalen Beeinträchtigungen, die sich zu einem individuellen Gesamtbild zusammenfügen. Die reine Behandlung ihrer Symptome durch Spezialisten, die keine Rücksicht auf das Gesamtbild nehmen, ist zeitaufwändig und nicht sehr effektiv, da das Netzwerk, in dem sich die Störungen befinden und entwickeln, außer Acht gelassen wird.

7 Lernschwierigkeiten und die Sunflower-Therapie – eine englische Pilot-Studie

Ich [= Mark O. Mathews] schätze mich glücklich, dass Elizabeth Thomas, eine pädagogische Psychologin, Anteil an meiner Arbeit genommen hat. Sie hat das Fachwissen, die Wirkweisen meiner Arbeit wissenschaftlich zu messen und die Fortschritte der Kinder mit Lernschwierigkeiten unter der Sunflower-Therapie zu evaluieren. Wir haben gemeinsam eine kleine Pilot-Studie (vgl. International College of Applied Kinesiology, 1992) durchgeführt, um die Wirkungen einer Sunflower-Behandlung bei lerngestörten Kindern auszuwerten. Hier sind die Ergebnisse:

Misserfolg in der Schule muss nicht sein

Tausende von Kindern in unseren Schulen leiden heute an Lernschwierigkeiten. Einige wenige werden diagnostiziert und einer besonderen Förderung zugeführt. Die Mehrheit wird den Bildungsweg undiagnostiziert durchlaufen und zunehmend Misserfolg, Frustration und Beklemmung erfahren. Einige werden sich entscheiden, aus dem System auszusteigen. Viele werden die Narben ihres schulischen Misserfolgs ein ganzes Leben lang in Form verminderter Selbstachtung tragen.

Als pädagogische Psychologin habe ich [=Elizabeth Thomas] 25 Jahre damit verbracht, solchen Kindern zu helfen, einen Pfad durch den pädagogischen Dschungel zu finden und ihr Selbstbewusstsein zurückzugewinnen. Eine der großen Hoffnungen der Erzieher ist es, einen Diamanten im Bergwerk pädagogischer Erfahrung zu finden. Gelegentlich stolpert man über bemerkenswerte Entdeckungen.

Die Pilot-Studie – Einführung

Als Mark O. Mathews mir die Durchführung einer Studie vorschlug, um die Wirkungen der Sunflower-Therapie zu untersuchen, war ich ebenso neugierig wie aufgeregt. Es gab zu diesem Zeitpunkt bereits ein breites Archiv klinischer Erfahrungen in Form von Berichten betroffener Eltern und Briefen, die die positiven Effekte der Sunflower-Therapie dokumentierten. Meine Arbeit sollte nun unter Verwendung objektiver Maßstäbe die Ergebnisse vereinheitlichen, um quantitative Änderungen bei den behandelten Kindern messen zu können. Weitere Informationen sollten die Eltern und Lehrer der Kinder liefern.

Wir wählten schließlich eine Gruppe von zehn Kindern im Alter zwischen 7-13 Jahren aus, die ich in meiner Praxis behandelte. Ich hatte sie untersucht und neben anderen Prüfungen auch den standardisierten Wechsler-Intelligenz-Test für Kinder (*HAWIK-R*) eingesetzt. Dabei handelt es sich um eine anerkannte Serie von Prüfungen, die Fähigkeiten in einem Dutzend verschiedener Gebiete erfassen. Der HAWIK-R gibt Informationen darüber, wie das Kind denkt, wie sein Gedächtnis funktioniert, ob visuelle Informationen verarbeitet werden und gibt u.a. Auskunft über Entwurffähigkeiten und die Koordination von Auge und Hand.

Die zehn Kinder, die wir auswählten, waren legasthenisch und besuchten allesamt öffentliche Schulen. Sie genossen darüber hinaus speziellen Förderunterricht. Dies war Gruppe 1.

Wir wählten eine Gruppe 2 als Kontrollgruppe mit zehn weiteren legasthenischen Kindern, die keine Sunflower-Therapie bekamen und der Behandlungsgruppe hinsichtlich ihres Alters und IQ-Ergebnissen ähnelten.

Gruppe 1 wurde von Mark mit der Sunflower-Therapie behandelt. Wir warteten sechs Monate nach der letzten Behandlung ab, um sicherzustellen, dass die Änderungen nicht nur vorläufiger Natur waren oder durch Übungseffekte zustande kamen. Außerdem bereiteten wir Fragebögen für Lehrer und Eltern vor. Diese sollten vor und sechs Monate nach der Behandlung ausgefüllt werden. (siehe den Schluß von Kapitel 7)

Ergebnisse hinsichtlich des Wertes der Sunflower-Therapie bei Kindern mit Lernschwierigkeiten

1. Verbesserungen der allgemeinen intellektuellen Funktionen

Der IQ wurde bei allen Kindern bewertet, sowohl vor als auch sechs Monate nach Marks Behandlung. Die Kontrollgruppe, die keine Behandlung bekam, wurde genauso bewertet. Jedes Kind, das von Mark behandelt wurde, wies eine durchschnittliche Verbesserung des IQ um acht Punkte auf. Bei einem Kind zeigte sich die erstaunliche Verbesserung von 16 IQ-Punkten. Die Kontrollgruppe wies im Gegensatz dazu keine signifikant veränderten Werte auf.

Gewisse Schwankungen im IQ, abhängig von der Stimmung des Kindes, der Motivation und der Prüfungsumstände, sind normal. Dieser übliche Fehler wird bei +/- 4 IQ-Punkten angesiedelt.

Was bedeutet eine Steigerung um acht IQ-Punkte? Wenn ein Kind vorher mit einem IQ von 102 als durchschnittlich eingestuft wurde, so läge es mit einem IQ von 110 besser als 75% seiner Altersgruppe.

2. Verbessertes Gleichgewicht in der Funktion der beiden Hemisphären des Gehirns

Der HAWIK-R misst zwei verschiedene Arten von Intelligenz: den Verbalen-IQ, mit dem Sprachfähigkeiten wie Vokabular, allgemeines Wissen, mündliches Verständnis und der Umgang mit Zahlen gemessen werden und den Handlungs-IQ, der visuelle, konstruktive und manipulative Fähigkeiten bewertet.

Ergebnisse:

- *Verbaler IQ:* Bei der Behandlungsgruppe zeigte sich ein kleiner Gewinn von 2,7 Punkten, der statistisch wenig bedeutsam ist. Die Kontrollgruppe lag bei – 0,1 Punkten. Es verwundert im Grunde nicht weiter, dass die schulischen Fähigkeiten der Kinder in sechs Monaten kaum zunahmen. Die Sunflower-Therapie ist keine Magie. Dennoch bleibt anzunehmen, dass die behandelte Gruppe in Zukunft weitere Verbesserungen verzeichnen wird. Im Gegensatz dazu prüft der Handlungstest natürliche Fähigkeiten wie die Beobachtung, Geschwindigkeit der Informationsverarbeitung, Auge-Hand-Koordination und Verarbeitungsreihenfolge. Es war aufregend, bedeutungsvolle Steigerungen zwischen 5–21 Punkten festzustellen. Viele Verbesserungen wurden in äußerst wichtigen kognitiven Fähigkeiten erzielt, die die Geschwindigkeit und Genauigkeit der Informationsverarbeitung beeinflussen. Bei drei Schülern ließen sich signifikante Verbesserungen in der Ziffer-Spannen-Testung für die unmittelbaren verbalen Gedächtnisleistungen nachweisen, und vier zeigten bedeutend verbesserte Punktergebnisse bei der Kodierungsprüfung, einer Abschreibaufgabe, die Auge-Hand-Koordination und Symbolgedächtnis fordert.
- *Handlungs-IQ:* Die Kinder, die in Marks Behandlung waren, hatten eine durchschnittliche Verbesserung von zwölf IQ-Punkten! In der Kontrollgruppe sank der Wert um zwei IQ-Punkte.

Verbesserungen bestimmter Fähigkeiten

Eine vorsichtige Analyse der Prüfungsergebnisse zeigt deutliche Verbesserungen bestimmter Fähigkeiten.

a) Visuelle Reihenverarbeitung/Organisation
Sieben Schüler hatten starke Verbesserungen in der Bild-Anordnungs-Prüfung zu verzeichnen, bei der die visuelle Reihenverarbeitung und Organisation angewendet werden muss. Dabei wird dem Schüler eine Folge von Bildkarten in zufälliger Reihenfolge gegeben. Die Aufgabe ist, die Karten so umzugruppieren, dass ihre Abfolge eine logisch nachvollziehbare Geschichte ergibt. Dabei werden Fähigkeiten wie die Geschwindigkeit visueller Informationsverarbeitung, genaue Beobachtung und visuelle Reihenverarbeitung erfasst. Es handelt sich dabei um sehr wichtige Wahrnehmungsinstrumente, die beispielsweise beim Absuchen bestimmter Buchstabenreihenfolgen und Wortmuster benötigt werden.

b) Beobachtung
Sechs Kinder zeigten auch bei dieser Prüfung eine signifikante Verbesserung. Hier sollen genaue Beobachtung und Aufmerksamkeit gegenüber Details unter Beweis gestellt werden. Jedem Kind wurde das Bild eines alltäglichen Gegenstandes gezeigt, dem etwas fehlt (ein Klavier ohne schwarze Tasten oder ein Elefant auf drei Beinen). Es musste nun das fehlende Teil identifizieren. Hier können wir Werte wie Merkfähigkeit und die visuelle Informationsverarbeitung von Buchstaben und Wortbildern erfassen.

c) Konstruktion
Verbesserung beim Zusammensetzen von Puzzlespielen. Auch hier handelt es sich um eine visuelle Prüfung, bei der die Fähigkeit, räumliche Beziehungen wahrzunehmen, im Vordergrund steht. Bei vier von zehn Kindern konnten wir außerdem eine Verbesserung beim Nachbauen von Entwürfen mit farbigen Steinen verzeichnen.

d) Abschreibfähigkeiten
Vier Schüler hatten deutliche Zuwächse bei der Abschreibeprüfung, die schnelles und genaues Erinnern von visuellen Symbolen und deren schriftliche Kopie erfordert. In dieser Prüfung kommt der Auge-Hand-Koordination besondere Bedeutung zu, aber auch das visuelle Gedächtnis wird beansprucht. Beides sind Fähigkeiten, die notwendig sind, um zu buchstabieren und zu schreiben bzw. abzuschreiben. Viele Legastheniker punkten im Rahmen dieser Prüfung schlecht. Deshalb war es sehr erfreulich, dass wir signifikante Besserungen feststellen konnten.

e) Gedächtnis
Die Prüfung, die unmittelbares sequenzielles Gedächtnis erfordert, interessierte mich besonders. Das unmittelbare Kurzzeitgedächtnis ist eine Schlüsselfähigkeit für Legastheniker, weil sie gerade hier im Normalfall die schlechtesten Ergebnisse erreichen. Drei von zehn Kindern zeigten Verbesserungen bei dieser Prüfung.

Wir möchten die Wirkungen keineswegs einzig unter dem Aspekt von IQ-Punkten betrachten. Viel wichtiger ist eigentlich, ob die Kinder mit ihren Klassenkameraden zurecht kommen und wie gut sie sich konzentrieren können. Besonders wichtig ist auch, was abseits der Schule, zum Beispiel im Elternhaus, geschieht. Marks Erfahrung zeigt, dass es vor allem die Verhaltensänderungen sind, die den Eltern am meisten bedeuten. Die Qualität des Zusammenlebens ist eben wichtiger als fünf IQ-Punkte. Es ist in der Tat aufregend mit anzusehen, wie aus wenig hilfsbereiten Kindern kooperative Partner werden.

Fragebögen

Wir entwarfen einen Fragebogen für Eltern und Lehrer mit Fragen wie den folgenden:
· Wie gut ist er/sie beim Ballspielen koordiniert?
· Wie beurteilen Sie seine/ihre Konzentrationsfähigkeit beim Lernen und in häuslichen Situationen.
· Wie beurteilen Sie seine/ihre Motivation, sich beim Lesen und Schreiben zu verbessern?
· Wie organisiert er/sie sich dabei?
· Wie schnell ist er/sie?

Natürlich ergründeten diese Fragen mehr die Einstellung als die tatsächliche Leistung. Die Lehrer stellten fest, dass durchschnittlich bei 46% eine Verbesserung in verschiedenen Verhaltensaspekten zu verzeichnen war. Die Eltern bezifferten dies mit einer Verbesserung von 33%.
Der Unterschied in diesen Zahlen könnte durch den Umstand erklärt werden, dass die Eltern, die ihre Kinder täglich sehen, schleichende Veränderungen kaum wahrnehmen, während die Lehrer, die ihre Schüler nur alle zwei, drei Tage sehen, eher die Summe kleiner Veränderungen wahrnehmen können.
Die dramatischen Verbesserungen mancher IQ-Werte drängen

eine ganze Reihe von Fragen auf. Ist es möglich, dass die erfolgreiche Behandlung unausgeglichener Körpersysteme das Kind befähigt:
- Mit mehr Energie zu lesen, zu schreiben und zu üben
- Mit jüngeren Geschwistern toleranter umzugehen
- Bestätigung zu erfahren
- Sein Selbstwertgefühl zu steigern?

Meiner Meinung nach hatte die Gruppe der legasthenischen Kinder ihre auffälligsten Schwächen im Bereich visueller Wahrnehmungsorganisation. Und hier kann die AK echte Hilfestellung anbieten. Förderunterricht werden wir auch weiterhin brauchen, ebenso wie die bestmögliche Unterstützung durch Eltern und Lehrer. Die Sunflower-Therapie gibt Kindern mit Lernschwierigkeiten die Möglichkeit, viel besser auf die ihnen angebotenen Hilfestellungen eingehen zu können.

Nur wenn alle beteiligten Parteien an einem Strang ziehen, werden wir alle Möglichkeiten ausschöpfen, um Kindern, die unter Lernschwierigkeiten leiden, zu helfen.«

8 Die Förderung der Selbstheilungskräfte

Die Sunflower-Therapie hat sich aus Mark O. Mathews' täglicher Arbeit entwickelt. Ihre Fundamente haben den selben Ansatz, den Mathews zur Wiederherstellung von Gesundheit bei den verschiedensten Krankheiten nutzt. Dieser »Behandlungsansatz« ist das Ergebnis seines Interesses für unterschiedliche natürliche Behandlungstechniken.

Besonders inspirierten mich die Erfahrungen und die Ausbildung in Applied Kinesiology (*AK*). Es handelt sich dabei um ein System von Muskeltests, das es ermöglicht, neurophysiologische Reaktionen auf Außenreize zu beurteilen. Damit lässt sich detailliert diagnostizieren und herausfiltern, wie die individuellen Muster einer Erkrankung oder einer Unausgeglichenheit beim einzelnen Patienten aussehen. Außerdem besteht die Möglichkeit, die gewonnenen Informationen eingehenden Überprüfungen zu unterziehen und anschließend die geeignete Therapie auszuwählen. Die Resultate der Behandlung lassen sich dank der Applied Kinesiology ebenfalls genau überprüfen. So kann man von einem Moment auf den nächsten die Wirkung der Behandlung bei jedem Patienten nachvollziehen und anhand der individuellen Testergebnisse die bestmögliche Therapie bestimmen. Die AK gibt dem Therapeuten ein Instrument an die Hand, mit dem sich eventuelle Veränderungen ganz präzise bestimmen lassen.

Das Konzept stellt sich, an einem Beispiel erklärt, etwa folgendermaßen dar: Sie wenden sich wegen akuter Rückenschmerzen an Ihren Hausarzt. Er diagnostiziert durch das Betasten des Rückens, dass ein Wirbel »eingeklemmt« ist. Mit einer einfachen Manipulation, der Chiropraktik, vermag er die Beweglichkeit des Rückenwirbels wieder herzustellen. Viele Menschen haben eine solche Behandlung mit beträchtlichem Erfolg am eigenen Leibe erfahren, falls sie von einem erfahrenen Therapeuten durchgeführt wurde.

Wären Sie hingegen Patient eines AK-Therapeuten, würde er die akuten Rückenschmerzen auf andere Weise untersuchen. Er prüft durch Muskeltests, welcher Rückenwirbel in seiner Funktion beeinträchtigt ist. Der Therapeut veranlasst damit den Körper, die Fehlstellung selber zu identifizieren. Außerdem würde er gleichzeitig andere Wirbel durch Muskeltests auf eine Beeinträchtigung hin untersuchen und nicht selten auch an anderen Stellen weitere Wirbel finden, die in ihrer Funktion gestört sind. Da diese Rückenwirbel noch keine Schmerzen verursachen, wäre das Problem mit herkömmlicher Diagnostik unentdeckt geblieben. Das Aufspüren zusätzlicher Defizite ist aber bedeutsam, da ohne eine Behandlung dieser Beeinträchtigung das erste Problem wahrscheinlich wieder auftauchen würde.

Das ganzheitliche Behandlungskonzept

Bei einer AK-Therapie, die als Grundlage für die Sunflower-Therapie dient, wird nicht nur das strukturelle Gleichgewicht geprüft, sondern ebenso die seelische und chemische Balance. Bei dem oben genannten Beispiel könnte sich herausstellen, dass das Rückenproblem das Resultat einer Fehlhaltung ist, deren Ursache in emotionalen Schwierigkeiten liegt. Der emotionale Status eines Menschen drückt sich in seiner Körperhaltung aus. Nur durch eine Behandlung des zugrundliegenden psychischen Problems können in diesem Fall die Rückenschmerzen auf Dauer beseitigt werden.

Die Verbesserung der Lebensqualität nach erfolgreicher Behandlung eines psychischen Problems, das sogar die Körperhaltung veränderte, bedarf keiner weiteren Erläuterung! Vielfach ist dem Patienten auch die Ursache seiner körperlichen Beschwerden nicht bewusst. Mit Hilfe des AK-Muskeltests lassen sich solche Dysbalancen trotzdem erkennen und behandeln.

Der Muskeltest wird als »Ja- oder Neinprüfung« durchgeführt. Dabei reagiert die Muskulatur entweder stark, indem sie fähig ist, dem Druck des Therapeuten zu widerstehen, oder schwach bei einer geringen Widerstandsfähigkeit. Der AK-Therapeut stützt sich bei dieser Behandlung nicht auf Spekulationen, sondern er stellt dem Körper eine Folge von »Fragen«, die mit »Ja« oder »Nein« beantwortet werden.

Wird ein Muskel auf die chemische Balance geprüft und taucht dabei ein Mangel an einem bestimmten Mineralstoff auf, sind weitere Tests notwendig. Auf diese Weise wird auch die korrekte Dosierung von Mineralstoffgaben ermöglicht. Dazu beginnt der Therapeut, die Wirksamkeit kleiner Dosen zu testen und diese so lange zu erhöhen, bis sich die »Muskelantwort« von einem »Nein« zu »Ja« verändert.

Der Patient kann also auch unter Verzicht auf verbale Kommunikation und mögliche Missverständnisse untersucht werden. Allerdings messen gute Therapeuten dem Gespräch mit ihrem Patienten hohen Wert bei. Denn es ist wichtig, dass der Arzt sich mit dem Patienten darüber verständigt, welche Maßnahmen notwendig sind, wenn die Diagnose eine Behandlung nach sich zieht. Dennoch bietet die nonverbale Methode den großen Vorteil, dem Körper Informationen über Störungen und Unausgeglichenheiten zu entlocken, die nur dem Unterbewusstsein zugänglich sind und dem Patienten selbst nicht ersichtlich und damit auch nicht verbalisierbar sind.

Zusammenfassung: Das »Ich«, gleichgesetzt mit dem Unterbewusstsein des Patienten, kennt das eigentliche Defizit und kommuniziert mit dem Therapeuten. In der Regel ist man sich des eigenen Problems nicht bewusst oder hat Schwierigkeiten, dieses zu formulieren. Viele Patienten bemerken lediglich die Symptome ihrer Beschwerden und möchten, dass der Therapeut ihnen die Ursache erklärt.

Einführung in die Applied Kinesiology,

Definition: Applied Kinesiology ist eine Form der Diagnose und Behandlung, die sowohl zur Vermeidung wie auch zur Behandlung von Krankheiten im physischen und emotionalen Bereich eingesetzt werden kann.

Die Diagnose erfolgt durch die Auswertung der Muskeltests. Hierbei wird nicht die absolute Kraft eines Muskels gemessen. Dem Therapeuten geht es nur darum, ob der Muskel als »stark« oder »schwach« testet, d.h., ob er dem ausgeübten Druck stand hält oder nicht.

Eine Prävention vor Krankheiten wird durch den Ausgleich kleiner Störungen und beginnender Dysbalancen in einer frühen Phase erreicht, bevor sie sich zu Krankheitssymptomen verdichten.

Eine Heilung wird durch den Ausgleich innerer Dysbalancen angestrebt, um den Selbstheilungskräften des Körpers »den Rükken frei zu halten«.

Das Prinzip und der Hintergrund des Muskeltests lässt sich am besten nachvollziehen, wenn wir zum Beginn der Entwicklung der Applied Kinesiology im Jahre 1964 zurückgehen. AK wurde von Dr. George Goodheart (USA) entwickelt, der Chiropraktiker war.

Unter dem Begriff Chiropraktik werden Manipulationen an Wirbelsäule und Gelenken zusammengefasst, die eine wirksame

Methode zur Diagnose und Behandlung unterschiedlicher Leiden darstellen.

George Goodheart hat nie behauptet, AK wäre als Ergebnis eines logischen Prozesses neu entstanden. Auch die Theorie und das System der Muskeltests gehen nicht auf seine Urheberschaft zurück. Seine eigentliche Entdeckung der AK lässt sich auf eine Kombination von Spürsinn und Glück zurückführen. Goodheart untersuchte damals einen Patienten mit ernsten Schulterproblemen. Er war überrascht als er herausfand, dass der betroffene Schultermuskel nicht in dem Maße atrophiert war, wie er das erwartet hätte. Stattdessen fand er schmerzhafte Knoten und Verdickungen an den Stellen, wo der Muskel am Brustkorb ansetzt. Massagen dieser Knoten führten zu deren Auflösung und stärkten den (ursprünglich schwachen) Muskel. Der Patient war dankbar und Dr. Goodheart fasziniert.

Weitere Untersuchungen führten ihn zu der Erkenntnis, dass, wann immer ein Muskel schwach wurde, der korrespondierende Muskel auf der anderen Körperseite sich verkrampfte. Bis dahin hatte man angenommen, dass der verkrampfte Muskel den korrespondierenden dazu veranlassen würde, schwach zu werden. Dass der kausale Zusammenhang aber in umgekehrter Richtung verlief, war eine revolutionäre Entdeckung. Bisher war man davon ausgegangen, dass die Behandlung eines Muskels Verspannungen lösen könne.

Dr. Goodhearts Beobachtungen ließen aber darauf schließen, dass es genau entgegengesetzt war. Und das hieß, dass die bisherige Behandlung von Muskelverspannungen nur die Symptome behandelt hatte, nicht aber die Ursache. Die eigentliche Behandlung musste deshalb am schwachen Muskel ansetzen. Das würde auch erklären, warum viele Patienten mit den gleichen Problemen mehrmals in die Praxis kamen, nachdem sie bereits scheinbar erfolgreich behandelt waren.

Doch Goodhearts Entdeckung warf auch neue Fragen auf. Warum wird ein Muskel schwach? Solange der Therapeut das nicht weiß, kann er den Patienten auch nicht optimal behandeln.

Goodhearts Untersuchungen zeigten, dass beispielsweise ein schlecht arbeitendes Lymphsystem bestimmte Muskeln schwach werden lässt. Er entdeckte dabei, dass es Reflexpunkte am Körper gibt, deren Stimulation den Lymphfluss anregt und den Muskel damit stärkt. Hier zeigte sich erstmals der ganzheitliche Ansatz der AK. Goodheart fand eine Diagnosemöglichkeit, um Störungen im Muskel- und Lymphsystem wirksam anzugehen.

Das warf wiederum neue Fragen hinsichtlich der Störungen im Muskel auf. War eventuell jeder geschwächte Muskel ein Signal für andere Störungen im Organismus?

Daraufhin begann Goodheart mit weiteren Untersuchungen, indem er Patienten mit bekannten Krankheiten auf ein bestimmtes, wiederkehrendes Muster von Muskelschwächen untersuchte. Er stellte fest, dass jedes Organ im Körper einem Muskel zugeordnet ist, der schwach wird, wenn die Organfunktion gestört ist.

Seit seiner Entdeckung vor mehr als 20 Jahren haben Forschungen der Neurophysiologie und der Neurotransmitterfunktionen bis hin zur Etablierung des Forschungszweiges der Psychoneuroimmunologie die wissenschaftlichen Grundlagen für die Zusammenhänge und gegenseitige Beeinflussung der Organsysteme geliefert.

Fazit: Ein als »schwach« testender Muskel bedeutet keine relative Einschätzung, sondern ist als absolutes Faktum zu verstehen. Diese Erkenntnis bedeutet, dass der Muskel einer ganz bestimmten Kraft gegenüber keinen entsprechenden Widerstand entgegensetzen kann. Wenn »schwach« bisher als absolute Messgröße zu verstehen war, dann kann Goodhearts Entdeckung eine verlässliche Diagnosemöglichkeit sein.

AK hat sich inzwischen zu einer Methode entwickelt, mit Hilfe von Muskeltests den Allgemeinzustand eines Körpers zu untersuchen.

Dank der Erkenntnis in der AK, dass jedes körperliche Problem einen assoziierten Muskel hat, der reagiert, sind bisher nicht nachweisbare Zusammenhänge feststellbar geworden. Damit eröffnet sich die Möglichkeit einer detaillierten Diagnostik. Das gilt auch für Babys und Kleinkinder, die nicht mitteilen können, was ihnen fehlt. Da die Muskelstörung aber ebenso wie beim Erwachsenen festzustellen ist, kann AK die Diagnose sehr erleichtern.

Aber es gab auch noch ungelöste Probleme: Wenn beispielsweise eine muskuläre Dysbalance auf eine Störung der Leber hingedeutet hätte, wäre auch Dr. Goodheart noch ratlos gewesen. Wie sollte jetzt eine Behandlung aussehen? Hatte er lediglich das Instrument einer verfeinerten Diagnostik entwickelt, das in der eigentlichen Behandlung nur bedingt einsetzbar war?

Behandlung und Therapie

Das *»Gesetz der Umkehrung«* und das *»Gesetz angeborener Gesundheit«*: Die Weiterentwicklung der AK lässt sich nicht an einer bestimmten Person festmachen. Es handelte sich vielmehr um ein ständig wachsendes Team von AK-Therapeuten, die nach Wegen suchten, wie sich die Ergebnisse der Muskeltests auswerten und in die Behandlung einbeziehen ließen. Um verlässliche Werte zu erzielen, mussten umfangreiche Messungen durchgeführt und – was noch wichtiger war – vorgefasste Meinungen über Bord geworfen werden.

Diese Forschungsarbeit wird auch heute noch vorangetrieben und hat in der Zwischenzeit genaue Daten geliefert. Dies ist nicht der richtige Ort, alles zu beschreiben, was entwickelt und erforscht worden ist. Sinnvoller ist es hier, anhand früherer Behandlungsbeispiele zu veranschaulichen, wie aus Goodhearts Diagnosemethode eine Behandlungsmethode wurde.

Wenn sich überhaupt ein einzelner, bestimmter Entwicklungsschritt der AK als Meilenstein hervorzuheben läßt, dann das so genannte »Gesetz der Umkehrung«. Es besagt, dass Krankheiten lokale Schwächen bzw. Störungen verursachen und – im Umkehrschluss – die Beseitigung dieser Schwächen zu einer Linderung der Krankheit führen muss. Unausgeglichenheiten können sich im Status eines Muskels widerspiegeln. Für viele Leiden kann bereits die simple Massage eines schwachen Muskels, der mit einem funktionsgestörten Organ verbunden ist, echte Linderung der Beschwerden in den assoziierten Organen bewirken.

Auch wenn es den rundum gesunden Menschen wahrscheinlich nicht gibt, ist Gesundheit der natürliche Status eines jeden Körpers. Das »Gesetz angeborener Gesundheit« veranlasst den Organismus, den Status Gesundheit immer wieder anzustreben, wenn er nicht von außen daran gehindert wird.

Wenn Sie sich in den Finger schneiden, wird Ihr Körper die notwendigen Schritte einleiten, die Wunde zu heilen. Bei Einsetzen einer Infektion wird die Wundheilung aber unterbrochen. Die jetzt notwendige Behandlung ist lediglich gegen die Infektion gerichtet und dient nicht der Unterstützung der Wundheilung. Denn von außen her muß jetzt das Hindernis beseitigt werden, das den Körper am Vorantreiben des Heilungsprozesses hindert.

So kann auch die Massage eines schwachen Muskels dazu beitragen, das Gleichgewicht wiederherzustellen, um die Selbstheilung einzuleiten.

Das »Gesetz der angeborenen Gesundheit« ist der Leitgedanke aller AK-orientierter Behandlungen. Und das bedeutet, dass die der Heilung entgegenstehenden Hindernisse entfernt werden, statt die eigentliche Krankheit zu bekämpfen. Der Körper ist nämlich der beste Arzt, den man sich vorstellen kann. Man muss nur dafür sorgen, dass die Selbstheilungskräfte zum Zuge kommen.

Äußere Verbindungen:
Die Grundlagenforschung zeigte außerdem, dass schwache Muskelantworten auch auf externe Ursachen hinweisen können. So lässt sich belegen, dass Muskeln, die mit gesunden Organen in Verbindung stehen, dennoch schwach testen können, wenn das Problem außerhalb des Körpers zu suchen ist. Die Muskelantwort eines Patienten, der unter Heuschnupfen leidet, würde beispielsweise auf das Vorhandensein bestimmter Graspollen hindeuten. Die Applied Kinesiology ist besonders geeignet, Allergie-Tests durchzuführen. Eine ausgewiesene Allergie lässt sich jedoch nicht durch bloße Muskelmassagen heilen. Die beste Behandlung ist meistens das Meiden des Allergens. Viele Allergiker haben allerdings das Problem, gar nicht zu wissen, wogegen sie überempfindlich (= allergisch) sind.

Die Identifizierung des betreffenden Allergens ist mit AK ebenso möglich wie das Aufspüren von Unverträglichkeiten in der Ernährung. Sind diese Informationen einmal verfügbar, ist es oft verblüffend einfach, die richtige Behandlung folgen zu lassen.

Innere Verbindungen:
Mitunter sind die Zusammenhänge auch ganz offensichtlich. Wenn ein schwacher Muskel zu einem verstellten Rückenwirbel gehört, wird eine entsprechende Manipulation erforderlich, um den Wirbel zurückzustellen. Der ohne den Einsatz von AK nicht mögliche Fortschritt liegt in der Möglichkeit zu prüfen, ob der Rückenschmerz von einem fehlfunktionierenden Rückenwirbel herrührt oder ob der Schmerz umgekehrt das Ergebnis eines verkrampften Muskels ist. Sollte dem so sein, dann wird die Manipulation das Übel nicht an der Wurzel packen können. Denn die Funktionsstörung muss dort behandelt werden, wo die Heilhindernisse liegen.

In seiner späteren Arbeit deckte Dr. George Goodheart auf, dass neben der Verbindung zwischen Organen und Muskeln auch die Akupunkturmeridiane solche Zusammenhänge aufweisen. Und das »Gesetz der Umkehrung« hatte auch hier seine Gültigkeit. Deshalb kann durch Anregung eines Akupunkturmeridians die Balance geschaffen werden, die es dem Körper erlaubt, sich selbst zu heilen.

In der Psyche:
Neben den Hinweisen auf die physische Gesundheit lassen die Muskeltests auch Rückschlüsse auf die psychische Gesundheit zu. Wenn ein Patient mit einer starken Muskelantwort gebeten wird, an seine Probleme zu denken, kann es sein, dass der Muskel plötzlich schwach testet. Vertrauliche Details müssen dabei gar nicht enthüllt werden.

Es hängt von der Natur der emotionalen Probleme ab, welche Behandlung der Therapeut einsetzt. Eine typische Therapie könnte folgendermaßen aussehen: Der Patient wird gebeten, sich von Neuem sein Problem vorzustellen. Dann soll der Patient versuchen, das innere Bild solange zum Positiven zu verändern, bis der begleitende Muskeltests dem Therapeuten anzeigt, ob das gelingt. Wenn nun gleichzeitig die geeigneten Akupunkturmeridiane stimuliert werden, kann es gelingen, dass der Patient sich das neue, positive Bild einprägt.

Das Dreieck der Gesundheit (Triad of Health)

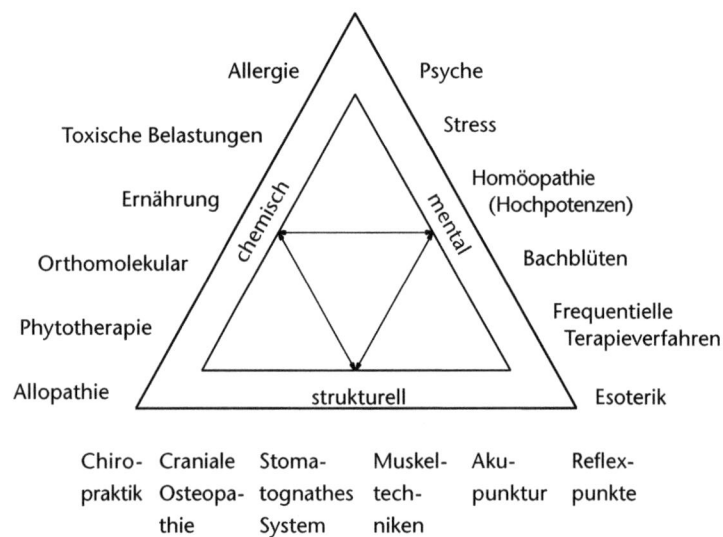

Die Basis moderner AK – und damit auch der Sunflower-Therapie – ist das so genannte Dreieck der Gesundheit (Triad of Health). Ausgangspunkt ist die Überlegung, dass Gesundheit ein Gleichgewicht struktureller, chemischer und geistiger Systeme voraussetzt. Die drei Seiten des Dreiecks stehen für die chemische, strukturelle und geistige Gesundheit. Gewinnt eine der Seiten die Überhand oder verliert an Gewicht, kommt es zu einem Ungleichgewicht und damit zu einer Verzerrung des Dreiecks. Und genau so verhält es sich mit unserer Gesundheit. Wenn sich einer der drei Aspekte nicht im Gleichgewicht befindet, wird das allgemeine Wohlbefinden entschieden beeinträchtigt. Dass man sich nicht wohl fühlt, wenn ein Organ nicht richtig arbeitet oder ein psychisches Problem das Befinden verschlechtert, ist im Grunde selbstverständlich. Aber das gleichseitige Dreieck geht von dem Grundgedanken aus, dass alle Aspekte der Gesundheit miteinander verwoben sind und deshalb gemeinsam betrachtet werden müssen, um wirksam behandeln zu können.

Wenn Sie beispielsweise Schmerzen haben, dann ist Ihnen zwar bewusst, dass etwas den Schmerz verursacht. Aber oft liegt die Ursache des Schmerzes im Dunkeln. Kein Arzt oder AK-Therapeut kann die Quelle des Schmerzes allein im Gespräch zurückverfolgen. Aber der AK-Therapeut verfügt über ein zusätzliches Instrument, den Muskeltest. Dabei kann deutlich werden, dass die Ursache des Schmerzes viel tiefer liegt, als man ursprünglich angenommen hatte.

Ein emotionelles Problem kann beispielsweise die Körperhaltung beeinflussen. Wenn dadurch nun ein Muskel leidet, der eigentlich mit den Lungen in Verbindung steht, könnte dies einen anhaltenden Husten oder eine schmerzende Schulter zur Folge haben. Ein Internist würde nun ein Mittel gegen die Entzündung der Atemwege verschreiben. Ein Orthopäde würde die Schmerzen in der Schulter behandeln und ein Psychologe sich dem emotionellen Problemen zuwenden.

Die Vorstellung vom gleichseitigen Dreieck versinnbildlicht die Notwendigkeit, alle Aspekte zu berücksichtigen, um eine Krankheit umfassend zu behandeln. Im Sinne des »Gesetzes der angeborenen Gesundheit« weiß der Körper, wie er sich zu heilen hat, wenn er nicht daran gehindert wird. Gerade bei Patienten mit multifaktoriellen Problemen kann mit Hilfe der Muskeltests festgelegt werden, in welcher Reihenfolge die Probleme behandelt werden müssen.

Wirknachweis der Applied Kinesiology

Geheilte Patienten fragen selten nach den Gründen, warum ein bestimmtes Problem verschwunden ist. AK nach streng wissenschaftlichen Maßstäben zu beurteilen ist schwierig, da es keine standardisierten Behandlungen für bestimmte Krankheiten gibt. Während in der konventionellen Medizin leicht gemessen werden kann, welches Medikament beispielsweise Schmerzen beseitigt, ist dies im Bereich der Applied Kinesiology aufgrund der fehlenden Behandlungsschemata weitaus schwieriger.

Auf der anderen Seite hat die AK den Vorteil, jedes denkbare Problem mit Hilfe der Muskeltestungen diagnostizieren zu können.

Ist die Behandlung abgeschlossen, wird unmittelbar danach durch einen so genannten Nachtest bewiesen, ob der betreffende Muskel nun als stark zu bezeichnen ist. Die Instrumente der Diagnose sind gleichzeitig auch für den Therapeuten in jeder Phase der Therapie eine aussagefähige Richtgröße über Fortschritte oder Verschlechterungen der Befindlichkeit. Voraussetzung ist allerdings, dass die Behandlung fortgesetzt wird, um die Bewertung unter Kontrolle zu behalten. Außerdem hat der AK-Therapeut die Aufgabe, seine Patienten ständig zu ermuntern, mitzuhelfen und zum Heilungsprozess beizutragen.

Möglichkeiten und Grenzen der Applied Kinesiology

Jeder Behandlung sind Grenzen gesetzt. Ein amputierter Fuß kann nicht auf wundersame Weise wieder hergestellt werden, der Verlauf einer unheilbaren Krebserkrankung lässt sich schwerlich umkehren. Mit der AK wäre man jedoch in der Lage, trotz der Amputation eines Fußes die körperlich-seelische Balance wieder herzustellen und einen Krebskranken dabei zu unterstützen, die körperlichen Selbstheilungskräfte anzuregen.

Halten wir fest: Wenn die Therapie rechtzeitig einsetzt, sind fast alle Erkrankungen behandelbar, denn Krankheit ist immer das Ergebnis von Dysbalancen. Bleiben diese Unausgeglichenheiten unbehandelt, wachsen sie und manifestieren sich schließlich in konkreten Krankheiten.

AK eignet sich besonders zur Prävention. Regelmäßige Besuche bei einem AK-Therapeuten wären daher ideal, um kleine Unausgeglichenheiten rechtzeitig anzugehen. Ein solches »Krankheits-Verhütungssystem« wäre eine sinnvolle Grundlage für lebenslange, gezielte Gesundheitsvorsorge.

Wer kann Applied Kinesiology und die Sunflower-Therapie praktizieren?

Wenn es so leicht ist, mit AK zu diagnostizieren, könnte dann nicht jeder mit ein wenig Übung dieses Heilverfahren praktizieren? Die Ausbildung zum AK-Therapeuten ist sehr umfangreich. Erst nach dem Abschluss eines regulären Medizinstudiums kann man mit der Ausbildung am International College of Applied Kinesiology (*ICAK*) beginnen. Die Ausbildung schließt mit einer Prüfung ab. Um als Sunflower-Therapeut tätig zu werden, muss nach dem ICAK-Abschluss noch eine weitere Intensivausbildung in der speziellen Sunflower-Therapie absolviert werden.

Applied Kinesiology und konventionelle Medizin?

Das Verhältnis der AK zur konventionellen Medizin ist ambivalent. Einerseits spielt die herkömmliche (allopathische) Medizin eine wichtige Rolle im europäischen Gesundheitssystem, andererseits steht sie mitunter auch dem Fortschritt im Wege.

An der Unverzichtbarkeit der konventionellen Medizin gibt es heute keinen Zweifel, denn ein chirurgischer Eingriff kann Leben retten. Ohne die Chirurgie könnte beispielsweise ein entzündeter Blinddarm einem Todesurteil gleichkommen.

Weniger dramatisch sind Schmerzzustände, die so akut sein können, dass ein schmerzlinderndes Medikament Priorität hat. Die Droge bringt Linderung, aber von Heilung kann keine Rede sein. Organstörungen durch Operationen zu unterbrechen oder Schmerzrezeptoren mit Medikamenten zu blockieren, ist häufig angezeigt, aber ein Heilmittel hat andere Funktionen. Auf zahlreichen Gebieten sollte die konventionelle Medizin neu überdacht werden, nämlich beim Zeit- und Kostenfaktor, aber auch bei der Effizienz. Die explodierenden Kosten unseres Gesundheitswesens stellen in allen westlichen Ländern ein kaum mehr beherrschbares Problem dar. Die Menschen werden älter, und immer bessere Diagnosemethoden stehen für immer mehr Krankheitsbilder zur Verfügung. Behandlungsmethoden, die eine echte Heilung herbeiführen und nicht nur eine Symptomverbesserung oder Unterdrückung der Symptome, sind jedoch leider viel seltener zu finden.

Die Schulmedizin basiert vorwiegend auf einer am Symptom orientierten Medizin. Jeder chirurgische Eingriff dient der Lin-

derung eines akuten Symptoms; ist diese vorgefundene Situation lebensbedrohlich, erübrigt sich jegliche Diskussion.
Was ist jedoch mit vielen unserer »chronischen Krankheiten«? Ein Kind mit Neurodermitis erhält in erster Linie beispielsweise Kortison oder andere juckreizstillende Medikamente. Dagegen versucht ein AK-Therapeut, das gleiche Problem ohne den Einsatz von Drogen in den Griff zu bekommen.
In diesem Zusammenhang möchte ich Ihren Blick auf das klassische Beispiel von Effektivität in Bezug auf den chronischen Paukenhöhlenerguss richten: Was verursacht den so genannten chronischen Paukenhöhlenerguss und um was handelt es sich dabei? Die Paukenhöhle ist ein spaltförmiger, von Schleimhaut ausgekleideter lufthaltiger Raum im Schläfenbein zwischen Trommelfell und Labyrinth und Teil des Mittelohrs. Ein Erguss in diesem Bereich beruht auf einer Ursache wie einem Infekt oder einer Allergie, einer angeborenen Veränderung oder einer anhaltenden Schwellung der Schleimhäute und diese Ursache bedarf der Behandlung. Das Symptom verschwindet dann von ganz allein. Die gängige »Behandlung« ist unter anderem die Operation mit Drainage des Ergusses (Paukenröhrchen). Damit wird möglicherweise das Symptom Paukenerguss beseitigt, an der Ursache der Krankheit ändert die Operation jedoch nichts. Dagegen bedeutet eine Narkose immer eine große Belastung für den gesamten Körper. Forschungsergebnisse zeigen, dass Drogen, die eine Anästhesie einleiten und aufrecht erhalten, monatelang im Körper nachweisbar bleiben. Der AK-Therapeut muss sich dann häufig mit Problemen und Auswirkungen beschäftigen, die durch derartige Drogen ausgelöst wurden. Alle wirksamen Drogen haben auch Nebenwirkungen. Das heißt: Drogen produzieren immer ein zusätzliches Problem neben der gewünschten Linderung. Manchmal sind diese wohltuend, wie etwa bei Aspirin, oft aber auch katastrophal – man denke nur an Contergan.
Aus der Sicht des AK-Therapeuten beeinträchtigen Drogen, die ein Symptom behandeln sollen, immer das gesamte System. Dieser Zusammenhang ist durch die moderne Rezeptorforschung und die Entdeckung der Neurotransmitter inzwischen wissenschaftlich belegt. Die Auswirkungen dieser Vergiftungen sind individuell und von Konstitution und mentaler Situation des Patienten abhängig. Diese Erkenntnis erklärt, weshalb eine Droge in ihrer Wirkung von Mensch zu Mensch variiert.
Wie bereits festgestellt gibt es Situationen, die den Einsatz von

Medikamenten als angemessene Behandlungsmaßnahme rechtfertigen. Dennoch behaupten wir, dass die Applied Kinesiology nicht minder wirksame, alternative Strategien anbieten kann. Wir gehen sogar noch einen Schritt weiter und erklären, dass diese Strategien effizienter sind, weil sie die Ursachen und nicht die Symptome im Visier haben und den Organismus nicht durch zusätzliche Gifte belasten.

9 Wie verläuft für Ihr Kind die Sunflower-Therapie?

Erste Einführung in die Sunflower-Therapie

Die Kinder, die zu uns kommen, werden uns aus den verschiedensten Gründen vorgestellt. Häufig haben sie keine Vorstellung davon, was sie bei uns erwartet. Es ist jedoch sehr wichtig, dass die Kinder sich über den Grund ihres Besuches bei einem Sunflower-Therapeuten im Klaren sind. Die Eltern sollten ihre Kinder deshalb nach der Anmeldung und dem Erhalt der Sunflower-Unterlagen auf den Zweck des Besuches vorbereiten.

Am Tag der ersten Untersuchung sichten wir die von den Eltern ausgefüllten Fragebögen und die vorliegenden Vorbefunde psychologischer Untersuchungen oder Schultests.

Ablauf der Untersuchung und Behandlung

Ein erstes Gespräch könnte folgendermaßen ablaufen: »Nun, wenn wir deine Befunde betrachten, dann zeigen sie uns, dass du ein außergewöhnlicher heller Junge oder Mädchen bist, und obwohl das so ist, funktionierst du nicht ganz so gut, wie es eigentlich zu erwarten wäre. Ich bin mir sicher, dass du sehr wohl die Möglichkeiten hast, alles zu erreichen, aber dass du deine Möglichkeiten und Fähigkeiten nicht in der Weise nutzen kannst, um die entsprechende Leistung zu erbringen. Das ist der Grund, warum dich deine Eltern zu uns gebracht haben.

Ich werde dir kurz erklären, was ich mache und wie ich mich mit dir beschäftigen werde. Du wirst sicher sehr schnell feststellen, dass vieles ziemlich anders abläuft, als du das vielleicht gewöhnt bist. Ich bin kein Psychologe und auch kein Arzt, wie du ihn vielleicht kennst, und auch kein Lehrer.

Ich verstehe mich mehr als Auto- oder Computer Service-Dienst – aber für Menschen – und werde dir jetzt erklären, was das bedeutet.

Weißt du, dein Nervensystem ist ein bisschen aufgebaut wie die Kabelverbindungen in einem Radio, Fernseher oder Computer. Diese Kabel verbinden die verschiedenen Transistoren und Schaltungen miteinander und sorgen dafür, dass das Ganze funktioniert. Du kannst mich beispielsweise sehen, du kannst Dinge fühlen und du kannst Dinge hören. Was immer für Information auch deine Sinne aufnehmen, sie gelangen als Informationen über die Nervenstränge in dein Bewusstsein und sie machen es möglich, dass du dir ein Bild von deiner Umwelt verschaffst und in der Lage bist, darauf zu antworten und zu reagieren.

Wenn du deinen Ellbogen beugen möchtest, dann beugt sich der Ellbogen, weil die Muskeln auf der einen Seite sich anspannen (Beugeseite) und die Muskeln der Gegenseite (Streckseite) locker lassen. Wenn du dann deinen Ellbogen wiederum streckst, dann streckt sich das Gelenk, weil die Muskeln auf der Streckseite sich anspannen und die Muskeln auf der Beugeseite locker lassen. Dies geschieht, weil dein Gehirn den Muskeln diese Anweisungen gibt, und diese Anweisungen für die Muskeln werden durch die Nerven genauso wie über eine Telefonleitung übertragen.

Weißt du, als du gerade vor einigen Minuten ins Sprechzimmer gekommen bist, hast du 696 Muskeln und einige Millionen Reflexe benutzt, und du hast noch nicht einmal darüber nachgedacht. Das hat alles in den Programmen deines Unterbewusstseins stattgefunden. Im Gegensatz dazu kannst du aber in deinem Bewusstsein nur einen Gedanken nach dem anderen fassen.

Meine Aufgabe während der Behandlung ist es, dich in die Lage zu versetzen, dass du mit deinen eigenen Reflexen und deinen eigenen Fähigkeiten besser in Kontakt kommst, und das geschieht dadurch, dass ich die Funktion des Nervensystems, das alles kontrolliert, optimiere.

Ich werde dies auf unterschiedliche Art und Weise bewerkstelligen. Als Erstes werde ich dich so betrachten, als wärst du ein Auto. Du bestehst zu ca. 90 Prozent aus Muskeln und Knochen, das ist ungefähr vergleichbar mit der Mechanik eines Fahrzeugs.

Zuerst möchte ich einmal wissen, ob deine Muskeln in der Art und Weise an- und abschalten, wie sie es tun sollten, um problemlos zu arbeiten. Sie sollten deine Haltung im Liegen, Sitzen, Stehen und Gehen ohne Probleme aufrecht erhalten. Das heißt, ich muss herausfinden, ob deine Muskeln anspannen, wo sie anspannen sollen, und loslassen, wo sie eigentlich loslassen sollen, und nicht umgekehrt. Dann wäre nämlich jeder andere Muskel in deinem Körper ebenfalls damit beschäftigt, das gestörte Gleichgewicht zu sichern und dich dieser Fehlfunktion anzupassen, um zu verhindern, dass du stolperst oder fällst. Die Menge an zusätzlicher Information, die dafür verarbeitet werden muss, geht weit über das normale Maß hinaus und das bedeutet, dass sehr viel geistige Leistung und Verarbeitungskapazität für ganz banale und normale Dinge verbraucht wird. Dann wirst du daran gehindert, dich auf andere, wichtigere Sachen zu konzentrieren.

Da du zu 90 Prozent aus Muskeln und Knochen bestehst, ist das der größte Anteil deines Körpers, und deshalb werden wir mit der Überprüfung deines Bewegungsapparates beginnen.

Ich werde deinen Körper durch eine Art »TÜV« bringen, du kennst sicher den TÜV fürs Auto. Du weißt sicher, dass ein Auto alle drei Jahre untersucht werden muss, und wenn ich mir dein Alter ansehe, stelle ich fest, dass dein TÜV schon lange abgelaufen ist und deshalb ist es ganz wichtig, dich heute durch eine Art TÜV zu bringen.

Wenn wir die Mechanik in Ordnung gebracht haben, dann werden wir dich im Folgenden mehr wie einen Computer betrachten. Du weißt sicher, was ein Computer ist, und du weißt auch, dass ein Computer Informationen verarbeiten kann, um damit Dinge geschehen zu lassen. Er antwortet auf deine Eingaben und bewegt etwa bei einem Computer-Spiel die Figuren auf dem Bildschirm oder macht Geräusche. Auch du funktionierst fast wie ein Computer, der eine Menge Informationen in jedem Augenblick seines Lebens aufnimmt. Dinge um dich herum, die du siehst, hörst, fühlst, schmeckst und riechst, all diese Informationen werden abgespeichert, abgeprüft, integriert und versetzen dich in die Lage, auf ein Ereignis zu reagieren und ein Ergebnis zu produzieren. Mit anderen Worten, du hörst mir jetzt zu, beobachtest mich und du wirst dich sicher an einige Dinge, die ich gesagt habe, erinnern und hinterher mit deinen Eltern besprechen. So bist du in der Lage, auf Dinge, die ich mit dir tue, zu reagieren.

Dein Nervensystem funktioniert wirklich ähnlich einem Computer, und wir werden einige hundert Reflexe, Schaltungen und Verbindungen prüfen, die nötig sind, dass dein Computer ordnungsgemäß funktioniert. Wenn die einzelnen Bestandteile im Computer nicht richtig verbunden sind, dann ist dein Computer nicht in der Lage, die Ergebnisse zu produzieren, die eigentlich zu erwarten wären und es wird für dich viel, viel schwieriger, deine Gedanken in der effektivsten und kreativsten Art und Weise zu benutzen.

Du weißt vielleicht auch, dass ein Computer ein Arbeitsprogramm besitzt, das ihm sagt, was zu tun ist. Du hast vielleicht schon einmal ein Computerspiel oder am Gameboy gespielt und kleine Chipkarten oder CDs hineingeschoben. Diese Karten übermitteln dem Computer dann die verschiedensten Abläufe für die Programme. Du verhältst dich sehr ähnlich. Du lernst Dinge, wiederholst sie und nach einiger Zeit kannst du sie, ohne lange darüber nachdenken zu müssen. Dann hast du die Dinge automatisiert, und das ist höchst effektiv. Erinnerst du dich noch daran, als du Fahrrad fahren gelernt hast? Bist du aufs Rad gestiegen und sofort losgefahren ohne Stützräder? Sicher nicht, aber du hast daran geglaubt, dass es möglich ist zu fahren, denn du hast andere Leute Fahrrad fahren gesehen. Du hast es immer wieder versucht und nach einer gewissen Übungszeit konntest du Fahrrad fahren ohne Stützräder. Du musstest aber erst noch darüber nachdenken, was du tun musst. Jetzt kannst du sicher schon freihändig fahren, du kannst fahren und dich gleichzeitig nach deinen Freunden umsehen, du kannst während des Fahrens über andere Dinge nachdenken und so sollte es auch sein. Das ist ein automatisierter Ablauf.

Aber es gibt auch Nachteile dieser Automatisierung, die die Natur für dich ausgesucht hat. Und die Nachteile sind, dass es nicht zwei genau gleiche Situationen gibt. Wir ändern uns, und die Umstände ändern sich. Manchmal erlernst du leider auch falsche oder nicht sehr effektive Programme. Wenn sie aber einmal eingeübt sind und immer wiederholt werden, dann ist es sehr schwer, sie zu ändern. Dieser Zustand hält uns davon ab, neue und effektivere Programme zu erlernen, die dann der Situation angemessener sind.

Du wirst erkennen, ob du solche fehlgeleiteten Programme hast oder nicht, denn sie gehören zu Situationen, Zusammenhängen, Ereignissen und Reaktionen, in denen du nicht normal reagierst, nicht glücklich, zufrieden und entspannt bist. Mit anderen Worten, die Dinge, die deine falschen Programme auslösen, machen dich wütend, unglücklich, beleidigt und lösen viele andere negative Gefühle aus. Das kommt nicht daher, dass du nicht in der Lage bist, mit den Anforderungen einer Situation angemessen umzugehen, sondern das geschieht ganz einfach deshalb, weil du keinen Zugriff auf deine Fähigkeiten hast, mit diesen Situationen umzugehen. Wir werden deshalb deinen Computer für dich optimieren. Ich werde dich mit den unterschiedlichsten Aufgaben konfrontieren, denn du musst dich stark und voller Selbstvertrauen fühlen, um in der Schule gut zurecht zu kommen. Wenn es Situationen gibt, in denen du nicht mit deinem Selbstvertrauen und deiner Kraft verknüpft bist, dann werde ich dich so schwach wie ein Baby in meinen Tests finden und das sagt mir dann, dass negative Programme – so nennen wir es – vorhanden sind.

Wenn wir diese negativen Programme finden, dann müssen wir sie löschen und neue einspielen, die deren Platz einnehmen und dich mit deiner Kraft, deinem Selbstvertrauen und deinen Möglichkeiten verknüpfen. So gehen wir mit dir zusammen durch die verschiedensten Situationen, und immer sollst du dich stark und voller Selbstvertrauen fühlen.

Wir gehen mit dir eine Art Treppe hinauf, deren Stufen die Fähigkeiten ausmachen, die du in deinem Schülerdasein benötigst, um mit weniger Stress zurecht zu kommen.

Es gibt noch einen weiteren Weg, den wir betrachten müssen. Wir betrachten die Gesundheit als gleichseitiges Dreieck. Ein Bein gehört zu den strukturellen Teilen deines Körpers (das wäre der Teil, den wir mit einem Auto vergleichen), das andere Bein gehört zur elektromagnetischen Seite deines Körpers (den Teil vergleichen wir mit dem Computer) und das dritte Bein ist dein Stoffwechsel oder deine Chemie. Du kannst dir sicher vorstellen, dass ein dreibeiniger Hocker nur so stabil ist wie sein schlechtestes Bein, und wir müssen sicherstellen, dass alle deine drei Beine gleichermaßen stark sind. Deine Chemie und dein Stoffwechsel haben mit dem zu tun, was du isst.

Weißt du, dass in einem Jahr, von heute an gerechnet, 98 Prozent der Atome, die jetzt deinen Körper ausmachen, nicht mehr vorhanden sein werden? Du bist keine fixe tote Materie, du bist ein dynamischer, lebender Prozess und von Augenblick zu Augenblick in einem permanenten Umbau, Erneuerung und Wachstum begriffen. Wenn du jetzt nicht balanciert – oder anders gesagt – negativ gestresst bist, weil deine Struktur nicht komplett integriert, dein Computer nicht richtig verkabelt oder sein Arbeitsprogramm nicht richtig installiert ist, dann ist dies möglicherweise die Ursache dafür, dass deine Programme nicht richtig laufen. Dadurch kommen dir viele Tätigkeiten viel komplizierter vor, als sie eigentlich sind. Alles zusammen ist für dich negativ belastender Stress. Wenn wir im Stress sind, dann benötigen wir viel mehr »Treibstoff und Bausteine«, um überhaupt noch zu funktionieren, und wenn wir dann nicht zusätzliche lebenswichtige Stoffe aufnehmen, dann haben wir nicht genug Substanzen, um unseren gesamten Stoffwechsel in Aktion zu halten. Aber unser Körper ist sehr clever. Er benutzt die vorhandenen knappen Vorräte, um die lebensnotwendigen Aufgaben aufrecht zu erhalten, und die weniger wichtigen Systeme werden heruntergefahren. Aber wir sind nur so stark wie unser schwächstes Glied oder wie eine Fußballmannschaft, die nur so gut spielt wie der schwächste Spieler. Deshalb werden wir eine Menge Systeme und Stoffwechselvorgänge betrachten und nachsehen, ob sie alle genau die Substanzen bekommen, die sie zum Funktionieren benötigen. Ist das nicht der Fall, suchen wir die Stoffe, die für eine reibungslose Funktion nötig sind. Viele der Stoffe in unserem Körper gehören zu den so genannten Botenstoffen (*Neurotransmitter*), das sind Substanzen, die die Balance von sympathischem und parasympathischem Nervensystem ausmachen. Ebenso wird die Steuerung der Hormonproduktion und des Säure-Basenhaushaltes balanciert. Wir werden die Entgiftungswege, das Verdauungssytem, Allergien, Empfindlichkeiten und viele andere Dinge betrachten, die möglicherweise verhindern, dass der Körper in Harmonie arbeitet und dich als Ganzes unterstützt.

Um dies zu erreichen, werden wir die verschiedensten Substanzen benutzen, manchmal wie ein Chemiker oder wie ein normaler Arzt, aber wir benutzen keine Medikamente im eigentlichen Sinne. Wir suchen nach der Basis der Störung, nach den Grundsubstanzen, die dein Körper braucht, um seine eigenen Medikamente herzustellen. Wir werden herausfinden, von welchen Vitaminen, Mineralien, Spurenelementen und ähnlichen Substanzen nicht genügend vorhanden ist.

Dein Körper weiß selbst am besten, was mit ihm nicht stimmt und was er benötigt, um besser zu funktionieren. Du verarbeitest in jeder Sekunde Millionen Einheiten von Information im Unterbewusstsein, aber im Bewusstsein selbst kannst du nur ein Ding nach dem andern verarbeiten. Ich weiß nicht genau, was nicht richtig funktioniert, aber ich weiß, wie ich dein Unterbewusstsein fragen muss, damit es mir die Antworten gibt, die mir dabei helfen, die Fehler zu finden und abzustellen. Wir benutzen die verschiedensten Behandlungsmethoden von Osteopathie bis zur Ernährung, von Pflanzenstoffen bis zur Homöopathie. Ich werde dich durch die verschiedensten Tests bringen, um herauszubekommen, womit ich dir das Leben leichter machen kann. Alle meine Therapiemöglichkeiten sind wie Werkzeuge. Es ist sehr wichtig, das richtige Werkzeug in der richtigen Situation in der richtigen Reihenfolge einzusetzen, um die gewünschten Ergebnisse zu erreichen. Ich habe dabei vollstes Vertrauen in dein Unterbewusstsein, das mir genau sagt, was ich zu tun habe.

Das schaffen wir natürlich nicht alles an einen Tag, sondern wir benötigen dafür einige Behandlungsstunden.

In der ersten Behandlungseinheit werden wir all deine Muskeln auf ihre Funktion im Liegen, im Sitzen, im Stehen und im Laufen testen. Es wird, wie schon gesagt, ein bisschen sein wie beim TÜV eines Autos. Zuerst werden wir deine Haltung betrachten. Muskeln können dich zur einen Seite oder zur anderen Seite ziehen, und aus der Haltung lassen sich schon Rückschlüsse auf den Spannungszustand und die Funktion deiner Muskeln ziehen. Wir betrachten dich als Erstes vor einem Lot, um zu sehen, ob deine Beinlänge seitengleich ist, wo ein Muskel verspannt und wie deine Haltung ist. Dann werden wir deine einzelnen Muskeln testen um zu sehen, welche angespannt sind, wo sie locker sein sollten oder welche möglicherweise abschalten, wo sie angespannt sein sollten und wir werden dann herausfinden, mit welcher Art von Behandlung wir diese Ungleichgewichte ausgleichen können. Wenn alles wieder normal funktioniert, dann bleiben noch eine ganze Menge Dinge übrig, die wir in den weiteren Sitzungen normalisieren müssen.

Wir haben nach der ersten Behandlung eine ganze Menge Funktionen gefunden, die gestört waren und die wir behandelt haben: alle Muskeln sind jetzt kräftig, wenn sie kräftig sein sollen, und lassen los, wenn sie loslassen sollen. Deine Arme und Beine haben die gleiche Länge und funktionieren wesentlich besser, nämlich so, wie sie eigentlich funktionieren sollen. Mit den Tests und Behandlungen habe ich dich sicher irritiert, sei deshalb nicht erstaunt, wenn du Beschwerden wie bei einem Muskelkater bekommst. Dein ganzer Körper muss sich neu sortieren, sich an die neue Situation anpassen. Das ist ganz normal.

Das nächste Mal werden wir das Netzwerk deiner Reflexe und Bewegungsabläufe überprüfen, die als Team arbeiten sollten. Das bedeutet, dass ich dich auf die verschiedenste Art und Weise verdrehe, und dabei sollen deine Beine und deine Arme gleich lang bleiben. Alle deine Muskeln sollen balanciert sein. Trifft das nicht zu, bedeutet das, dass die Verbindungen in deinem Netzwerk nicht richtig funktionieren. Wir müssen dann diese gestörten Teile suchen und normalisieren.

Als Nächstes werden wir uns dann um die feineren Kontrollsysteme deines Körpers kümmern, die zum Gleichgewichtsmechanismus deiner Augen und Ohren gehören und die Koordination von oben nach unten, von unten nach oben, von links nach rechts, von rechts nach links kontrollieren. Wenn diese verschiedenen Reflexe besser aufeinander eingestellt sind, dann liegt mit anderen Worten das Auto besser auf der Straße und wir haben die Verbindung zwischen dem Auto und dem Fahrer hergestellt.

Es folgt die Balance des autonomen Nervensystems, das unsere Drüsen und Organe kontrolliert und den Blutstrom im Kreislauf verteilt und dafür sorgt, dass wir im Schlaf unseren Körper integrieren, balancieren und am nächsten Tag erfrischt aufwachen. Wenn wir diese Funktionen balanciert haben, dann schauen wir nach dem Autopiloten, der den Computer steuert. 90% des Nervensystems ist in unserem Kopf lokalisiert, und selbst kleinste Ungereimtheiten können grundlegende Auswirkungen auf unser ganzes Leben haben. Das ist der Grund, warum wir hier ins Detail gehen müssen. Wenn dann der Computer besser verdrahtet ist, dann müssen wir uns um die Programme kümmern, die in deinem Computer arbeiten und nachsehen, ob sie auch so funktionieren, dass sie dir maximalen Nutzen bringen.

Jetzt ist es wichtig, die negativen Glaubenssätze zu klären. Dies geschieht durch verschiedene Tests. Du solltest voller Selbstvertrauen sein und stärkende Glaubenssätze haben, um in der Schule gut zurecht zu kommen. Wenn wir dabei Probleme finden, die verhindern, dass du mit deiner inneren Kraft verbunden bist, dann heißt das, dass diese negativen Programme dir das Leben viel komplizierter machen, als es eigentlich sein müsste.

Ein wichtiger Punkt ist dann die Behandlung dieser so genannten negativen Programme bzw. Glaubenssätze. Sie führen dazu, dass du dich schlecht fühlst und in manchen wiederkehrenden Situationen immer gleich reagierst. Wir müssen diese Situationen finden, um beispielsweise »Programme mit Viren« zu löschen und dich mit deiner inneren Kraft in Verbindung setzen, sodass du auf Situationen angemessen reagieren kannst. Dazu ist es auch wichtig, Einflüsse von außen, Umwelteinflüsse, Ernährungseinflüsse, Mangel an Vitalstoffen auszugleichen, damit diese die Computerprogramme nicht stören. So kommen wir jeweils eine Schicht tiefer in Richtung Unterbewusstsein. Wir können die Gedächtnisprogramme überprüfen und die innersten Verbindungen wieder herstellen.

Ein wichtiger Punkt in unserem Leben ist die Angst. Sie schickt Überlebensprogramme bei unserem Handeln in den Vordergrund. Diese verhindern häufig, dass wir angemessen auf Herausforderungen des täglichen Lebens reagieren. Diese Programme, die aus der Frühzeit menschlichen Seins stammen, waren nützlich, um das Überleben zu sichern. Um das Überleben zu sichern sind diese Programme so eingerichtet, dass sie alle anderen Gedanken überspielen. Da wir uns heute jedoch nicht mehr in einer frühzeitlichen Umwelt bewegen, kommt es immer häufiger vor, dass diese so genannten Überlebensprogramme das vernünftige, rationale und intellektuelle Funktionieren stören.

Häufig beeinträchtigen auch Umwelteinflüsse und Unverträglichkeit von Nahrungsmitteln uns in unserer Gehirnintegration. Diese müssen wir herausfinden, um dann die störenden Einflüsse zu beseitigen.

Wenn wir an diesem Punkt angekommen sind, dann beginnt die eigentliche Aufgabe für dich. Du bist nun in der Lage, die Lücken, die du im Laufe deiner Schulzeit aufgebaut hast, zu füllen, und deshalb muss mit einem speziellen Nachhilfeprogramm am Schließen dieser Lücken gearbeitet werden.

Da deine Entwicklung dynamisch verläuft, ist es sinnvoll, nach etwa drei Monaten jeweils eine Kontrolluntersuchung und eventuell eine weiterführende Behandlung folgen zu lassen. Damit kann rechtzeitig auf neu auftretende Störungen reagiert oder aber der Integrationsprozess weiter vorangetrieben werden.

Zu diesem Zeitpunkt ist es auch wichtig, dass Probleme mit der Schule und mit den Lehrern artikuliert werden, um eine Übereinkunft zu finden, die es dir ermöglicht, entweder in der bekannten Klassengemeinschaft zu bleiben oder in einer neuen Schule unvoreingenommen und unbelastet deine jetzt vorhandenen Fähigkeiten umzusetzen.

Natürlich ändern sich viele Dinge nicht sofort, aber in einigen Monaten wirst du auch messbare Verbesserungen erfahren. Lernen können wir für dich nicht, das musst du schon selbst in die Hand nehmen, aber die optimalen Voraussetzungen für leichteres und erfolgreicheres Lernen haben wir geschaffen. Der Rest liegt bei dir.

Sollten in deiner zukünftigen Schullaufbahn erneut Probleme auftreten, könnten und sollten sie spontan und kurzfristig beseitig werden. Das Motto dabei wäre: »Am Ball bleiben!« So jedenfalls verfügst du jetzt über eine breite und solide Basis, um deine schulische Karriere erfolgreich in Angriff zu nehmen. Wir wünschen dir viel Spass dabei!

Anhang

*Allgemeine Ratschläge – nicht nur für Eltern
von Kindern mit Lernschwierigkeiten*

Obwohl Kinder mit Lernschwierigkeiten oft einige gemeinsame Merkmale haben, die zu Schwierigkeiten dieser Kinder in der Schule und im Leben führen, ist die Ausprägung dieser Merkmale sehr von der Umgebung abhängig, in der ein Kind aufwächst.

Zu keiner Zeit in der Vergangenheit wurden Kinder einem solch hohen Niveau von Umweltbelastungen ausgesetzt. Viele Kinder, die über ihre natürlichen Toleranzgrenzen hinaus belastet werden, zeigen Symptome, die ihre Gesundheit beeinflussen können, zum Beispiel:

- Autoimmunprobleme: Ekzeme, Neurodermitis, Asthma, chronischer Tubenkatarrh und Kopfschmerzen
- Verhaltensprobleme: gestörte Konzentrationsfähigkeit, eingeschränkte Kommunikationsfähigkeit, gestörtes Verständnis, verminderte Erinnerung und auffälliges Benehmen
- physische Schwäche: Unwohlsein, verminderte Stärke, gestörte Koordination und Kontrolle.

Die Überreizung durch schädliche Stimuli äußert sich auf verschiedene Art und Weise (dazu einige Beispiele):

- Informationsüberlastung durch Geräusche, Reisen, Fernsehen, Video, Funk, Computer
- Belastungen durch zu viel Süßigkeiten, Schokolade, Limonaden, »Junkfood«, Kaffee, Geschmacksverstärker, Farbstoffe, Konservierungsmittel, Antibiotika, Drogen, Hormone, Rauch, Dämpfe, petrochemische Stoffe, Schwermetalle, Chemikalien, Stäube und Parfüme
- Mangel an adäquater sportlicher Betätigung, frischer Luft und Schlaf
- Emotionale Unsicherheit durch familiäre Belastungen, Schule, gesellschaftlichen, finanziellen oder Gruppendruck und sonstige Konflikte
- Elektromagnetische Belastung durch elektrische Energieversorgungsanlagen, Hochspannungsleitungen, Fahrzeuge, Maschinen und Kommunikationssysteme.

Viele dieser Dinge liegen außerhalb unserer Kontrolle, aber Gesundheitsmanagement bedeutet, das Beste aus den Umständen zu machen, um jene Dinge zu beeinflussen, über die wir Einfluss oder Kontrolle haben

Ernährung:
- Besorgen Sie sich einen guten Wasserfilter. Trinken Sie viel gefiltertes Wasser oder unverfälschtes natürliches Wasser und verwenden sie es auch zum Kochen.
- Kaufen Sie frische und unverfälschte Nahrungsmittel. Essen Sie viel frische Früchte, Gemüse und Getreide. Waschen Sie sie gut. Kochen oder backen Sie Lebensmittel lieber als sie zu braten oder zu frittieren.
- Lassen Sie Süßigkeiten weg und reduzieren Sie Biskuits, Konfekt, kommerzielle Snacks drastisch. Essen Sie lieber Früchte zwischen den Mahlzeiten. Frisch gepresste Fruchtsäfte mit Sprudel sind viel schmackhafter, billiger und unschädlicher als Cola, Fanta u.ä.
- Lesen Sie alle Aufschriften auf verarbeiteten Nahrungsmitteln und treffen Sie eine gesunde Auswahl.
- Bereiten Sie so viel Essen wie möglich selbst zu.
- Verwenden Sie so oft wie möglich organische Nahrungsmittel (Demeter, Bioland etc.). Sie enthalten bis zu 80% mehr Nährstoffe.
- Stellen Sie sicher, dass Sie täglich einen ausgewogenen Anteil an Vollkornprodukten, Stärke, Eiweiß, Früchten und Gemüse zu sich nehmen.
- Integrieren Sie essenzielle Fettsäuren in Ihre Nahrung: Olivenöl, Nachtkerzenöl, Flachsöl oder Leinöl sowie fetthaltigen Salzwasser-Fisch wie Hering, Makrele, Sardinen, Lachs oder auch Forelle als Süßwasserfisch.
- Gemüse isst man am besten gedünstet, leicht gedämpft oder roh. Frisch gepresste Gemüsesäfte sind reich an Vitaminen und Enzymen.
- Genießen Sie eine breite Vielfalt verschiedener Nahrungsmittel.
- Verwenden Sie keine einseitige Nahrung – Sie werden vielleicht darauf sensibilisiert.
- Benutzen Sie frische Kräuter, um eine Vielfalt von interessanten Geschmacksrichtungen und vielen Vitaminen hinzuzufügen.
- Nehmen Sie zusätzlich Nahrungsergänzungsstoffe von guter

Qualität ein (fragen Sie Ihren Therapeuten). (Einige der billigeren Vitamin- und Mineralstoff-Ergänzungen sind häufig sehr stark mit Farbstoffen und künstlichem Geschmackstoffen angereichert. Sie können empfindliche Kinder stark beeinträchtigen und gerade das soll vermieden werden.)
- Nehmen Sie wenigstens 15 mg Zink ein und stellen Sie sicher, dass Sie eine gute Versorgung mit essenziellen Fettsäuren aus Tiefseefisch, Samen und Nüssen (nicht Erdnüsse) haben.
- Nehmen Sie Mahlzeiten in Gemeinschaft in entspannter Atmosphäre ein: dies verbessert die Verdauung, Konversation, Geselligkeit, Kommunikation, das Verständnis und die Zusammengehörigkeit.

Lebensstil:
- Beschränken Sie Fernsehzeiten auf max. eine Stunde pro Tag.
- Ermutigen Sie zum Lesen von Büchern, zu kreativem und fantasievollem Spiel und gesunden Aktivitäten.
- Stellen Sie frische Luft und physische Übungen auf interessante, gesellschaftlich angenehme, sinnvolle Weise sicher, die zu Kommunikation, Kooperation, Begeisterung, Selbstbewusstsein und Verantwortung ermutigen.
- Stellen Sie sicher, dass Ihr Kind genug Schlaf bekommt.

Atmen für die Gesundheit:
Sauerstoff ist das wesentlichste Element zur Erhaltung von Leben. Nur zwei Minuten ohne Sauerstoff bewirken den beginnenden Zelltod des Gehirns. Wir haben bei vielen Kinder mit Lernschwierigkeiten beobachtet, dass sie nicht richtig atmen. Insbesondere das Zwerchfell wird nicht richtig benutzt. Dieser Zustand hat ungünstige Wirkungen auf viele Aspekte der physischen, physiologischen, autoimmunen und geistigen Funktionen. Das tägliche Training des Zwerchfells, wie es im Yoga unterrichtet wird, kann sehr wohltuende Wirkungen auf Kinder haben. Es kann noch dadurch unterstützt werden, dass man ein Blasinstrument spielen lernt oder in einem Chor singt.

Emotionale Intelligenz:
Von Schulen, Eltern und Mitschülern wird gewaltiger Druck ausgeübt, um schulische Leistungen zu erhöhen. Niemand kann den Wert dieser Fähigkeiten bestreiten. In einer Zeit schneller Veränderung ist aber die wichtigste Intelligenz die emotionale

Intelligenz. Es ist die emotionale Intelligenz, die es uns ermöglicht, unser eigenes Gehirn zu benutzen und geistig gesund zu bleiben und die Kontrolle unserer Gefühle und Verhaltensmuster in Beziehung zu unserer Umgebung zu behalten. Diese Art von Intelligenz hat sich durch Spiel, Drama, Sport, Musik, Literatur und Kommunikation mit Mitmenschen entwickelt.

Emotionale Intelligenz ist noch wichtiger für Kinder mit Lernschwierigkeiten. Die Themen, die ihnen helfen diese Fähigkeiten zu entwickeln, werden oft dadurch vernachlässigt, dass sie von den Schullehrplänen gestrichen werden zugunsten akademischer Fächer. Das bedeutet, dass mehr Betonung zu Hause auf diese Eigenschaften gelegt werden muss. Keine Ausbildung kann die emotionale Wärme und die Sicherheit ersetzen, die Liebe, Umarmungen, Spiele, physische und kreative Aktivitäten zu Hause und außerhalb der Schule für Ihr Kind bringen.

Disziplin:
Geben Sie den Kindern durch Anerkennung und Lob für gutes Verhalten jede erdenkliche positive Rückmeldung. Ihre eigenen unmittelbaren Situationen und Ihre Bedürfnisse scheinen vielleicht dringender zu sein, aber erinnern Sie sich daran, dass Sie Ihren Kindern das Leben damit verbessern. Versuchen Sie immer, ruhig und geduldig zu bleiben und sich unter Kontrolle zu halten, auch wenn Ihr Kind der Vernunft und dem gesunden Menschenverstand scheinbar nicht zugänglich ist. Mit der Zeit wird dies Ihnen ermöglichen, umfassendes Wissen und Erfahrung aufzubauen, auf die Sie zurückgreifen können. Dies ist vielleicht der entscheidende Unterschied in einer erfolgreichen Zukunft.

Elterliche Strategien:
Akzeptieren Sie, dass Ihr Kind ein Problem hat. Dies ist die Erklärung, warum Ihr Kind Anweisungen vielleicht nicht so leicht folgen kann oder sich nicht daran erinnert. Es ist ein Grund, nicht eine Entschuldigung. Seien Sie in Ihren Forderungen fest, beharrlich, geduldig und realistisch. Tadeln und schimpfen Sie Ihr Kind nicht, wenn es scheitert, und erinnern Sie sich daran, dass Übung den Meister macht.

Erkennen Sie das an, was Ihr Kind leistet. Erkennen Sie seine Leistung an und reden Sie über die verschiedenen Aspekte von Situationen, damit Ihr Kind das Vokabular entwickeln kann, mit dem es seine Gefühle ausdrücken und eine Beziehung aufbauen kann. Löchern Sie Ihr Kind mit Fragen, die ihm helfen nachzudenken und seinen eigenen Weg aus Schwierigkeiten zu finden.

Eindeutig herausgearbeitete Ziele, die vom Kind verstanden und mit Allen vereinbart werden (mit machbaren Plänen, Strategien und Anleitungen für deren Ausführung) sind eine große Hilfe, gute Leistungen zu erzielen. Sehr hilfreich sind klare, praktische, am gesunden Menschenverstand orientierte Anweisungen für die Ausführung von routinemäßigen Aktivitäten. Diese können aufgeschrieben und als Gedächtnisstützen an geeigneten Stellen in Kinderzimmer, Bad oder Küche angeklebt werden. Lassen Sie Ihr Kind Anweisungen in eigenen Wörtern wiederholen. Lassen Sie sich anschauen, wenn sie miteinander sprechen.

Jedem Kind muss in der Familie beigebracht werden, wo sein »Platz« ist. Auch wenn es vielleicht Schwierigkeiten hat, muss kein anderes Familienmitglied deshalb seine eigenen familiären Bedürfnisse zurückstellen. Jedes Kind braucht Liebe, Fürsorge und Aufmerksamkeit von Ihnen – ebenso wie Sie es von ihm brauchen.

Nehmen Sie sich die Zeit, sowohl entspannt als auch aktiv mit Ihren Kindern Zeit zu verbringen. Erlauben Sie sich aber auch, Zeit für sich selbst zu haben.

Geben Sie Ihrem Kind ein Beispiel:
Geben Sie Ihren Kindern ein gutes Beispiel in Bezug auf den richtigen Geschmack, auf die Wertigkeit und das Verhalten gegenüber Nahrung, Übung, Sprache, Hygiene, persönlichem Verhalten, Fürsorge, Aufmerksamkeit, Respekt, Verantwortung und Wohlwollen. Eltern, die nicht lesen, schreiben, diskutieren und sich nicht liebevoll, ehrlich, sensibel, zuverlässig und selbstdiszipliniert verhalten, können dies kaum von ihren Kindern erwarten. Falls Sie Belohnungen als Anreiz benutzen – Anerkennung und Lob sollte genügen – setzen Sie ein Beispiel durch gesunde Belohnungen.

Das Kind an die Eltern

- Verdirb mich nicht. Ich weiß ganz gut, dass ich nicht alles haben kann, was ich haben möchte – ich teste dich nur.
- Hab keine Angst, mit mir konsequent zu sein. Ich mag es, denn es bringt mich dazu, mich geborgen zu fühlen.
- Lass mich keine schlechten Gewohnheiten bilden. Ich muss mich auf dich verlassen können, um solche Gewohnheiten in den frühen Phasen zu entdecken.
- Bring mich nicht dazu, mich kleiner zu fühlen als ich bin. Es bringt mich nur dazu, mich dumm und großspurig zu benehmen.
- Korrigiere mich nicht (wenn du helfen kannst), wenn andere Leute anwesend sind. Ich werde dir viel mehr Aufmerksamkeit entgegenbringen, wenn du leise mit mir unter vier Augen redest.
- Bring mich nicht dazu, zu fühlen, dass meine Fehler Sünden sind. Es wirft mein Wertesystem um.
- Schütze mich nicht vor Folgen. Ich habe das Bedürfnis, aus schmerzhaften Folgen zu lernen.
- Rege dich nicht auf, wenn ich sage »ich hasse dich«. Manchmal hole ich mir damit die Aufmerksamkeit, die ich brauche.
- Mach nicht viel Aufhebens von meinen kleinen Leiden. Manchmal hole ich mir damit die Aufmerksamkeit, die ich brauche.
- Nörgele nicht. Wenn du es machst, werde ich mich durch Taubstellen schützen.
- Vergiss nicht, dass ich mich nicht so erklären kann, wie ich es möchte. Das ist ein Grund, warum ich nicht immer genau bin.
- Stoß mich nicht zurück, wenn ich Fragen stelle. Wenn du es machst, werde ich aufhören zu fragen, das Interesse verlieren oder meine Informationen woanders suchen.
- Sei nicht inkonsequent. Das verwirrt mich und bringt mich dazu, den Glauben an dich zu verlieren.
- Erzähl mir nicht, meine Ängste seien albern. Sie sind für mich unheimlich real und du kannst viel dazu beitragen, mich sicher zu machen, wenn du versuchst, mich zu verstehen.
- Gib nie vor, dass du perfekt oder unfehlbar bist. Es ist für mich ein großer Schock, wenn ich entdecke, dass du es nicht bist.

- Glaube nie, dass es unter deiner Würde ist, sich bei mir zu entschuldigen. Eine ehrliche Entschuldigung bringt mich dazu, mich dir überraschend nah zu fühlen.
- Vergiss nicht, dass ich Experimente liebe. Ich könnte ohne sie nicht weiterkommen, also bitte finde dich damit ab.
- Vergiss nicht, wie schnell ich heranwachse. Es kann schwierig für dich sein mitzuhalten, aber bitte versuch es.
- Vergiss nicht, dass ich nur mit viel Liebe und Verständnis gedeihe, aber ich muss dir das wohl nicht sagen, oder?
- Halte dich bitte fit und gesund. Ich brauche dich.

(Autor unbekannt)

Die Bedeutung von Wasser

Der am häufigsten zu findende Nährstoffmangel ist der Mangel an Wasser. Immer häufiger erzählen Kinder in der Praxis, dass sie kein Wasser trinken. Sie leben von Softdrinks und Säften. Die Grundsubstanz, die unser Leben erst ermöglicht, wird sträflich vernachlässigt. So muß man heute leider feststellen, dass viel zu wenig Wasser getrunken wird. Dadurch kommt es oft zu einer sanften Dehydrierung, und so verschlimmern sich die meisten bestehenden Probleme, egal wie minimal sie auch sind. Zu allen Zeiten ist das Schlüsselelement in der Bekämpfung von Ermüdung das Wasser. Bei einem Individuum unter Übungsbedingungen vergrößert sich der Wasserbedarf um das 2-3fache einer ruhenden Person.

Unser Körper besteht zu über 70% aus Wasser in und um jede Zelle. Ohne Wasser kann die Zelle – einschließlich der Muskelfasern – nicht funktionieren. Muskuläre Aktivität wird durch Wassermangel gehemmt, und daraus resultiert eine gewisse muskuläre Steifheit, reduzierte Beweglichkeit und möglicherweise Schmerz. Studien in den USA haben ergeben, dass 50% aller Rückenschmerzen vermieden werden könnte, wenn wir ausreichend trinken würden.

Erstaunlicherweise kann der Körper bis zu 50% seines Proteingehaltes, seiner Zuckerreserven und seines Fettgehaltes verlieren, während der Verlust von nur 10% seines Wassergehaltes ernsthafte Störungen verursacht und der Verlust von 20% den Tod bedeutet! Ein Verlust von insgesamt nur 1% des Körpergewichts an Wasser genügt, klinische Krankheitszeichen und Symptome wie Schwäche, Ermüdung, Koordinationsstörungen und Schmerz zu produzieren.

Um unsere Körperflüssigkeiten im Gleichgewicht zu erhalten, sollten wir ca. zwei Liter Wasser pro Tag trinken und bei heißerem Wetter entsprechend mehr. Als Faustregel kann gelten, dass unser Urin möglichst wasserklar sein sollte. Es ist sehr wichtig zu wissen, dass einige Sprudelgetränke sowie Kaffee, Tee und Alkohol eigentlich die Ursache dafür sind, dass der Körper wertvolles Wasser verliert. Dies sind harntreibende Substanzen und deshalb sollte das Wasser, das durch die Verwendung von diesen Getränken verloren geht, zusätzlich zu den geforderten zwei Litern ergänzt werden.

Die Einnahme von zwei Litern Wasser am Tag wird Ihnen vielleicht viel vorkommen. Der einfachste Weg, das Trinken zu lernen ist, ständig kleinere Mengen Wasser über den Tag verteilt zu nippen und so allmählich die tägliche Trinkmenge zu vergrößern. Es klingt vielleicht nach Anstrengung, aber es ist der billigste und einfachste Weg, den Körper zu reinigen und uns gesund zu erhalten.

Was könnte einfacher sein!

Berichte von Kindern und Eltern über die Sunflower-Therapie

Mein Name ist Marc und ich bin 12 Jahre alt. Ich besuche die Klasse 5 eines Essener Gymnasiums. Das Lesen und Schreiben sind mir schon in der Grundschule schwer gefallen. Auch habe ich ziemliche Probleme mit der Konzentration. Da meine bisherige Schulzeit von ständigen Misserfolgen begleitet war, stehe ich dem gesamten Lernen sehr negativ gegenüber. Mein Selbstvertrauen habe ich total verloren, so dass ich lieber erst gar nicht mit den mir gestellten Aufgaben anfange, da ich sie sicher wieder verkehrt mache.

Seit etwa 4 Monaten bin ich nun bei Dr. Otto in Behandlung. Mein Selbstvertrauen kehrt langsam zurück, da ich durch seine Sunflower Behandlung bereits erste Erfolge in der Schule verzeichnen kann. Leider sind mir die Aufgaben, die ich selbst dazu beitragen muss, oft zu lästig und somit lässt der Erfolg im Lesen laut meiner Lehrer noch sehr zu wünschen übrig.

Ich Dirk habe eine Rechtschreibschwäche.

Im dritten Schuljahr hatte ich große Probleme, mich zu konzentrieren. Ich kam mit schlechten Noten nach Hause. Wurde in der Schule nur gehänselt und ausgelacht und kam heulend nach Hause. Ich hatte keine Lust mehr und fühlte mich wie ein Versager. Durch Zufall sahen meine Eltern im Fernsehen einen Bericht über Lernschwierigkeiten und Kinesiologie bei Kindern. Was im Fernsehen gezeigt wurde, traf auf mich zu und so kam ich zu Dr. Otto.

Bei meinem ersten Besuch besprachen wir meine Probleme. Dr. Otto schickte mich zu einem Optiker. Er machte mir eine Brille, mit der ich sehr gut lesen kann. Auch musste ich zu einem Hals- Nasen- und Ohrenarzt, der meine Ohren untersuchte. Dr. Otto machte mit mir Übungen, verrenkte mich und aktivierte Punkte an meinem Körper, die mir gut taten. Zu Hause machte ich Balancierübungen und arbeite mit dem Brain Boy. Auch schickte mich Dr. Otto zu einer Lernberaterin, die baute mich auf, ich musste Wörter buchstabieren, vorwärts und rückwärts.

Seit dem ich bei Dr. Otto in Behandlung bin, geht es mir gut, meine Noten werden immer besser und ich fühle mich wieder wohl.

Ich habe Dr. Otto viel zu verdanken.

Die Entwicklung meines Sohnes Julian.

Julian wurde am 14.06.1990 als unser zweites Kind geboren. Es war eine ganz normale Geburt. Im Alter von neun Wochen bekam er eine Hirnhautentzündung (Virus). Es ging ihm sehr schlecht und er bekam Penicillin über eine Kanüle in den Kopf. Nach zwei Wochen wurde er entlassen und die Ärzte sagten uns, es bliebe nichts zurück. Er wuchs auf und war immer ein sehr unruhiges Kind. Julian konnte sich schlecht allein beschäftigen, er brauchte immer Ansprache. Damals fiel uns auf, dass er seinen Kopf oft nach hinten schlug, gegen die Stuhllehne oder auf den Boden. Man hatte den Eindruck, dass ihm das überhaupt nicht wehtat.

1994 kam Julian in den Kindergarten. Dort lebte er sich gut ein und hatte auch viel Kontakt zu anderen Kindern. Nur malen und basteln wollte er nicht so gerne. Toben und rennen war immer am Schönsten. Wenn er malte, dann konnte er mit der linken und der rechten Hand malen. Auch während der Mahlzeiten wechselte er den Löffel oft hin und her. Im Kindergarten und auch bei der Schuluntersuchung sagte man uns, das sich das gibt.

1996 kam Julian in die Schule. Dort begannen dann auch die von mir befürchteten Schwierigkeiten. Er verdrehte die Buchstaben, vergaß die Vokale, vergaß Endungen zu schreiben und schrieb Zahlen spiegelverkehrt. Beim ersten Elternsprechtag bekam ich zu hören, das Julian sich nicht konzentrieren kann, nur herumzappelt und den Unterricht stört. Die Lehrerin meinte, dass Julian im Grunde aber recht intelligent wäre. Der Umgang mit ihm sei aber sehr schwierig. Er stünde sich beim Lernen selbst im Wege. Dann merkten wir auch zu Hause, dass der Druck der Schule Julian sehr zu schaffen machte. Er wurde aggressiv uns gegenüber, ließ seine Wut an seinem kleinen Bruder aus und bekam auch immer öfter Ärger mit seinen Freunden. Er bekam richtige Wutausbrüche, wenn ihm was nicht passt. Ich als Mutter stand dem Ganzen ziemlich hilflos gegenüber. Ich wusste genau, im Inneren ist Julian ein ganz liebes und zärtliches Kind. Er war immer das Anhänglichste meiner drei Kinder. Ab und zu kam das auch wieder durch, dann weinte Julian dicke Tränen, weil er ja gar nicht so wütend sein wollte. Er kam einfach mit seinen Gefühlen nicht mehr klar. Er fing an nachts einzunässen.

Im Sommer 1997 ging ich mit ihm zu einer Therapie (Kinesiologie) bei der Stadt Bochum. Danach ging es ihm etwas besser. Doch nach einiger Zeit im 2. Schuljahr fing alles wieder an. Aber wir hatten gesehen, dass man Julian helfen konnte. Ich stellte ihn bei meinem Hausarzt (Naturheilkunde) vor. Dieser stellte nach einiger Zeit fest, dass die beiden Gehirnhälften nicht miteinander arbeiteten. Er laserte den Omegapunkt. Danach ging es Julian immer ein paar Wochen besser. Er konnte sich etwas besser konzentrieren, nässte nicht ein und war ausgeglichener. Aber wie gesagt, nach einiger Zeit war der alte Zustand wieder da. Mit der Lehrerin hatte ich zwischendurch immer wieder gesprochen. Aber dort war Julian wohl schon als Zappelphilipp abgestempelt. Die Lehrerin hatte wohl gemerkt, dass Julian nicht dumm war, aber mit seiner Art kam sie nicht zurecht. Für sie war er für jeden Streit und jede Unruhe in der Klasse mitverantwortlich. Auch im privaten Umfeld hörte man, dass wir Julian wohl nicht so erzogen hätten wie seine große Schwester. Ich bemühte mich immer, ihn so gut wie möglich in Schutz zu nehmen. Aber auch mir gingen ab und zu bei seinen Wutausbrüchen die Nerven durch. Es war zu der Zeit ziemlich unruhig in unserer Familie. Dann, als mein Hausarzt auch nicht weiter wusste, gab er uns den Rat, Dr. Otto in Essen aufzusuchen. Dort ist Julian seit Ende 1998 in Behandlung. Und von da an ging es auch bergauf. Er kann sich inzwischen recht gut konzentrieren, arbeitet selbstständig, und auch das Zeugnis des 3. Schuljahres ist für uns sehr zufrieden stellend ausgefallen. Julian hat in allen Fächern ein befriedigend erreicht. Auch die Beurteilung der Lehrerin zu seiner Mitarbeit und seinem Verhalten in der Schule hört sich schon viel besser an. Die Lücken, die in den ersten Schuljahren entstanden sind, arbeitet Julian mit einer Nachhilfelehrerin auf. Auch die Übungen, die für die Therapie nötig sind, macht er recht fleißig. Julian ist im Ganzen viel ruhiger und ausgeglichener geworden, er macht auch nicht mehr ins Bett. Julian hat jetzt viele Freunde in seiner Klasse, mit denen er sich auch nachmittags zum Spielen trifft. Er tobt immer noch am liebsten draußen herum und treibt gerne Sport (Judo). Aber er nimmt jetzt auch schon einmal ein Buch zur Hand. Natürlich hat Julian auch noch mal einen schlechten Tag, aber das kriegen wir durch Gespräche und viel Geduld recht schnell wieder in den Griff. Julian ist zu unserem Glück wieder ein zufriedenes Kind, das seine Gefühle auch wieder äußern kann. Er kann uns sagen, was ihm nicht passt (ohne Wutausbrüche), er kann uns aber auch wieder seine Liebe zeigen.

Mit freundlichen Grüßen
Gudrun

> Als ich Dr. Otto kennen gelernt habe war all
> es ganz anders. Weil man fast immer
> gute Noten schrieb. Es wurde auch einfach
> zu lernen. Man musste zwar
> immer noch viel lernen aber die Noten
> waren gut. Es machte
> mir öfters Spaß zu lernen.
>
> Hendrik

> Als ich Dr. Otto noch nicht kannte war alles
> es ganz anders. Weil man nämlich immer
> so viel üben musste damit was bei raus
> kam. Es war natürlich nicht schön es
> verbrauchte einfach zu viel Freizeit.
> Aber manchmal waren die Noten trotzdem
> nicht gut. Ich weis bis heute noch nicht
> warum. Gibt es vielleicht dafür eine Antwort?
> Es war so schwierig, dass ich gar nicht
> mer wollte!
>
> Hendrik

Anmerkungen zu Hendriks Schreiben an Dr. Otto von seiner Mutter:

Als Hendrik (fast 10 Jahre alt, er besucht das vierte Grundschuljahr) seinen Brief schrieb, war er sehr darauf bedacht, keine Rechtschreibfehler zu machen. Er hat mich häufiger als bei seinen Hausaufgaben üblich nach der richtigen Schreibweise gefragt. Fehler, die Hendrik nicht aufgefallen sind, blieben unkorrigiert.

Vor einem Jahr noch fehlte ihm völlig das Bewusstsein für seine Rechtschreibfehler. Bevor wir Hilfe bei Dr. Otto fanden, war unser Verhältnis durch viel erfolgloses Üben sehr angespannt. Wir konnten beide nicht begreifen, warum Hendrik trotz seines eigenen intensiven Bemühens keine besseren schulischen Leistungen zeigte. Nach dem Beginn der Behandlung bei Dr. Otto vor ungefähr einem Jahr entspannte sich unser Verhältnis. Beide haben wir den Glauben an Hendriks zweifelsfrei vorhandenen intellektuellen Fähigkeiten wieder gefunden.

Das letzte Jahr war zwar mühevoll und arbeitsreich für uns beide, weil wir den Unterrichtsstoff von fast drei Schuljahren aufarbeiten mussten, aber die Mühe hat sich gelohnt. Unter verbesserter Übungsatmosphäre haben sich Hendriks Leistungen in den Hauptfächern um durchschnittlich eine halbe bis eine Note verbessert. Hendrik ist sich heute seiner Schwierigkeiten bewusst und fähig, angemessen damit umzugehen.

A. L.

Sehr geehrter Dr. Otto,

Ich möchte Ihnen kurz die Entwicklung von Janosch schildern, wobei ich es für besser halten würde, wenn er selbst auf Ihren Brief antworten würde. Dazu ist er leider im Augenblick nicht in der Lage.

Janosch ist über viele Jahre bei zwei berufstätigen Eltern (je 2/3 Stellen) von Tagesmüttern aufgezogen worden. Er hat nur ein Jahr den Kindergarten besucht. In der Klasse zählte er zu den Jüngsten.

In der Grundschule zeigten sich Mängel beim Schreiben, sowohl bei der äußeren Darstellung als auch bei der Rechtschreibung. Verstärkt traten die Probleme auf, wenn er sich konzentrieren sollte. Zwar hinkte er bei den Leistungen immer etwas hinter den Guten in der Klasse hinterher, aber mit einiger Anstrengung schaffte er es immer, den Anschluss wiederherzustellen.

Ein ähnliches Bild zeigte sich auch im Gymnasium, das er selbst besuchen wollte. Trotz Unterstützung im Studienkreis wurde aber der Abstand zur Leistungsspitze in der Klasse immer größer. Zum Teil versuchte Janosch durch anderweitige Aktivitäten, bei den Klassenkameraden Aufmerksamkeit zu erregen.

Seine Leistungen bewegten sich meist zwischen 3 und 4, was ihn immer mehr frustrierte. Besonders in der Rechtschreibung, aber auch insgesamt in Deutsch hatte er das Gefühl, nicht mehr richtig mitzukommen. Seine Arbeiten boten oft ein chaotisches, unordentliches Äußeres. Viele unerklärbare Rechtschreibfehler traten auf. Im LOS (Lerninstitut für Orthografie und Schreibtechnik) versuchten wir, nach anfänglichem Erfolg, dieses Problem gezielt zu bearbeiten. Allerdings traten nach ca. sechs Monaten Langeweile und Frustration bei Janosch auf.

Er klagte öfter über Kopf- und/oder Bauchschmerzen, blieb zunehmend ohne deutlich erkennbare organische Krankheit zu Hause. Diese oft unerklärlichen Schmerzen nahmen so stark zu, dass wir Janosch auf eine Realschule ummeldeten.

Bei einer Untersuchung durch Dr. Otto sprachen wir über Legasthenie-Probleme. Dabei erwähnte er neue Methoden, in die er sich zur Zeit einarbeite, die eventuell bei diesem Problem helfen könnten. Schon nach wenigen Übungen änderte sich Janoschs Stimmung positiv. Er wurde vitaler. Gezielt auf sein LRS-Problem wurde eine Links-

Rechts-Koordinationsschwäche behandelt. Darüber hinaus lernte er in relativ wenig Sitzungen, Worte neu einzuspeichern. So hatte er nach einigen Wochen auch schulisch deutliche Erfolge.
Mit freundlichen Grüßen
K.-J.

P.S. Inzwischen sehen seine Probleme ganz anders aus. Er ist Klassenbester und muss sich erst in dieser Rolle zurechtfinden.

Sehr geehrter Dr. Otto,
Unser Sohn Lars hatte zu Beginn der Behandlung Entwicklungsstörung der Sprache, sensomotorische Ingetrationsstörung und neurologische Dysorgan. Seit Anfang dieses Jahres stellte sich im schriftlichen und sprachlichen Bereich seiner schulischen Leistung eine Besserung ein (im Fach Deutsch: von der Note 4 zur Note 3+). Lars wirkt in seinen Bewegungen immer noch etwas ungelenk. Seit Beginn der Sunflower Therapie ist unser Sohn selbstsicherer geworden.
Hochachtungsvoll
U und D. W.

Hallo, mein Name ist Karl Engelhüter und ich bin durch meine Mutter Jutta auf den Doktor Otto gekommen. Wir entschlossen gemeinsam die Terapie durchzuführen. Unsere erste Stunde mit Doktor Otto war eine Untersuchung, aber ich muss sagen, dass ich von Geburt an Klumpfüße habe und mit jedem Schritt leichte Schmerzen hatte. Nach der ersten Untersuchung sind meine Mutter und ich durch Essen gelaufen und mir ist nach drei Stunden aufgefallen, dass ich ohne Schmerzen gehen kann. Ich habe gedacht ein Wunder ist geschehen, so viel Spaß am Laufen hatte ich noch nie. An diesem Tag hatten wir noch eine zweite Sitzung die bestand aus Besprechen. Es wurde auch ein Darmenpilz festgestellt, den wir mit Tabletten und Diät behandelt haben. Die Diät ist mir etwas schwer gefallen aber nach 8 Wochen hatte ich den Darmenpilz besiegt. Die Behandlung dauert noch Monate, und ich konnte immer mehr Sachen machen die ich noch nie konnte oder nur langsam.

Nach einiger Zeit kam ich dann nach St. Eggenstein dazu um meine Lernschwierigkeiten mit mir zu beheben. Sie hat lange Gespräche mit mir geführt und wir haben meine Glaubenssätze aufgeschrieben. Meine Glaubenssätze waren

- Ich kann das nicht.
- Alle sind besser als ich.
- Ich bin behindert.

und da man nicht gut lernen kann, wenn man an diese Dinge denkt, haben wir in den 2 Stunden die Glaubensätze umgeändert in

- Ich bin ich und so wie ich bin bin ich O.K.
- Ich glaube an meinen Körper und Geistigen.
- Ich kann es auch.

In den letzten Wochen fühlte ich mich stärker, fröhlicher, mutiger und sehr mein Leben jetzt ganz anders. Durch Tägliches, über verborgenes ich meine Angst... immer mehr.

Ich bin sehr froh darüber, das ich die Möglichkeit hatte die Therapie bei Dr Otto zu machen.

Alexander Weber 10 Jahre

Als ich ca. 4 Jahre alt war, fiel meinen Eltern auf, daß mein Verhalten anders war, als es eigentlich so „normal" beobachtet wird. Ich hatte keine Lust, in den Kindergarten zu gehen. Ich wollte viel viel lieber bei meiner Mama bleiben. Überhaupt war ich am liebsten bei meiner Mama. Wenn die anderen Kinder unbeschwert gespielt haben, konnte ich nicht einfach so mitmachen. Mir gelangen viele Bewegungen überhaupt gar nicht erst. In gewisser Weise hatte sich mein Körper total verkrampft (steif und hölzern), und das machte sich eben beim Spielen und Turnen (Grobmotorik) besonders bemerkbar. Ich weiß nicht mehr so ganz genau, ob mir bewußt war, daß ich auch immer ängstlicher wurde. Laute Geräusche und abrupte Bewegungen haben mich aber total eingeschüchtert. Meine zunehmenden Ängste konnte ich auch nicht mitteilen. Meistens haben diese Situationen mich so häftig aufgewühlt, daß viele Tränen flossen, und ich abends kaum einschlafen konnte. Dabei habe ich eigentlich gar nicht richtig gewußt, was mir denn so fehlt. Ich habe mich zurückgezogen und alle die Dinge gemieden, die mir Angst machten. Die drei Jahre, die ich im Kindergarten verbrachte, haben mich ungeheuerlich gestreßt. Dann kam's noch schlimmer, denn dann kam die Schule.

und da mußte ich ja schließlich was lernen. Und vor allem, die „Anderen" wollten davon auch was merken. Als ich damit begann, die Buchstaben in Schreibschrift zu üben, wurde jetzt ganz deutlich, welche enormen Schwierigkeiten ich mit der Feinmotorik hatte. Es wollte mir trotz größter Anstrengung nicht gelingen, Bogen und Schleifen an die Buchstaben zu malen. Wenn Mama oder Papa schon der Geduldsfaden anfing zu reißen, ging überhaupt nichts mehr. Ich fühlte mich dann einfach nur noch so wie gelähmt. Ich habe entweder alles über mich ergehen lassen oder bin ganz verzweifelt in Tränen ausgebrochen. Mir war scheinbar nicht zu helfen und ich hab mir auch nichts zugetraut. Beim Rechnen war's das gleiche in grün. Mir schien jegliches Zahlenverständnis zu fehlen. Zahlen über 10 haben mein Vorstellungsvermögen weit überschritten. Die einzige kleine Hoffnung bestand darin eine verständnisvolle Lehrerin zu haben. Für die Hausaufgaben habe ich mich oft 2-3 Stunden „gequält". Außerdem litt ich, seit meiner Einschulung, fortan unter heftigen Kopfschmerzen. Ende des 1. Schuljahres waren meine Eltern mit mir erstmalig bei einer Kinderpsychologin, die bei mir die Koordinationsstörungen feststellte. Mir wurde eine Ergo-Therapie verordnet, die ich insgesamt ca. 1 Jahr 1x in der Woche gemacht habe. Meine Mutter hat dann in einem Gespräch mit der

Therapeutin von noch weiteren Behandlungsmöglichkeiten erfahren. So wurden wir mit der "Kinesyologie" vertraut gemacht und lernten August 1999 Dr. Otto kennen. Ich war gerade ins 4. Schuljahr gekommen, und war sehr erstaunt darüber, wie gut Dr. Otto mein Problem erkannt hat, und mir mit seiner Behandlung geholfen hat. Seitdem absolviere ich 2x täglich 2 Trainingsprogramme: 1. Ich marschiere 5 Minuten
   (Überkreuz-Bewegungen)
2. Hüpf ABC

Diese Übungen wirken sich sehr gut auf meine Koordination aus. Zu diesem Trainingsprogramm gehört auch, daß ich mit Hilfe meiner Mutter, Wörter vorwärts und rückwärts buchstabiere, daher habe ich kaum noch Schwierigkeiten mit der Rechtschreibung. Ich habe auch gelernt, mich besser zu konzentrieren, mir fällt jetzt alles viel leichter. Insgesamt haben sich meine Schulnoten auf einen Durchschnitt von 2 bis 3 gebessert. Ich habe jetzt auch viele Freunde und bin bei den anderen beliebt. Sport mache ich nun auch gerne, ich bin im Judo und Schwimmverein, und in meiner Freizeit spiele ich mit meinen Freunden Fussball. Denn Bewegung ist für mich sehr wichtig, das weiß ich jetzt. Meine Mutter sagt auch, daß ich viel selbstbewusster geworden bin.

Hallo Marin ich hatte heute eine gute Schule wir hatten 2 Frei Stunden. In die 2 Stunde haben wir gespielt. Ich freuhe mich schon auf dich und auch auf Jessis und auch auf Lehrnen. Und ich mag dich und Popi Und kommst du mich morgen zur Schule bringen und ob holen mich und Malte Ja. Danke. Das ist ein schöner Brife Ja von mir. Ich bin der Libe und guter Johannes ich mag euch von Herzen. Den Brief must ihr all sammen lesen. Danke. Euer

Johannes.

Abkürzungsverzeichnis

ADD	Aufmerksamkeitsdefizit-Syndrom
ADDH	Aufmerksamkeitsdefizit-Syndrom mit Hyperaktivität
ADS	wie ADD
ADS-H	wie ADDH
AK	Applied Kinesiology
CT	Computertomografie
DSM IV	Diagnose Standard Medizin 4. Version
Dyslexie	englisch für Legasthenie
EEG	Elektroenzephalografie
IQ	Intelligenz-Quotient
KISS	durch das Kopfgelenk induzierte Schädel-Schräglage
LEAP	Learning Enhancement Advance Programm
MCD	Minimale cerebrale Dysfunktion
MRT = MRI = NMR	Kernspin-Tomografie
NLP	neuro-linguistische Programmierung
PET	Positronen Emissions-Tomografie

Bibliografie

Bakker, D.J. et al, 1976, Development of Laterality reading patterns. In *The Neuropsychology of Learning Disorders: Theoretical Approaches*, Baltimore: University Park Press.

Bandler, R. 1985, *Using your Brain for a Change*, ISBN 0-911226-27-3.

Benton, D. and Roberts, G. 1988, Effects of vitamin and mineral supplementation on intelligence of a sample of schoolchildren, *Lancet, 1,* 140-143.

Berard, Guy 1993, *Hearing equals Behaviour*, ISBN 0-87983-600-8.

Berlin, R. 1872, *Eine besondere Art der Wortblindheit (Dyslexia)*, Wiesbaden.

Blythe, P. and McGlown, D.J. 1979, *An Organic Basis for Neuroses and Educational Difficulties* Chester: Insight Publications.

Chopra, Deepak MD, 1993, *Ageless Body, Timeless Mind*, Harmony Books, ISBN 0-71265673-1.

Clark, M.M. 1970, *Reading Difficulties in School*, Harmondsworth: Penguin.

Damasio A.R. 1994, *Descartes Error Emotion, Reason & the Human Brain*, Putnam & Sons, New York

Davis, R.D. and Braun, E.M. 1994, *The GC of Dyslexia*, Souvenir Press, London.

Dejerine, J. 1871, Sur un cas de eceite verbale avec agrafis, suivi d'autopsia, *Mem. Social Biology* 3, 197-201

Diamond, John 1985, *Life Energy,* ISBN 0-396-08489-3

Duane, D.D. 1987, Neurobiological correlates of Learning Disorders, *Journal of American Academy of Child and Adolescent Psychiatry,* 28, 314-318.

Eisenberg, L. 1966, The Epidemiology of Reading Retardation and a Program for Preventive Intervention, in Money, J. (ed.), *The Disabled Reader. Education of the Dyslexic Child,* Baltimore: Johns Hopkins University Press.

Eysenk, H. 1993, Paper presented at the Hornsby Literacy 2000 Conference, London.

Fawcett, Angela & Nicolson, Rod 1995, *Dyslexia in Children: Multidisciplinary Perspectives*, Prentice Hall Europe.

Ferreri, C.A. and Wainwright, R.B. 1984, *Breakthrough for Dyslexia and Learning Disabilities,* Exposition Press of Florida, Inc.

Frith, U. and Frith, C.D. 1980, *Relationships between Reading and Dyslexia*, Baltimore: University Park Press.

Galaburda, A. M. et al 1989, The Neural Origin of Developmental Dyslexia. Implications for Medicine, Neurology and Cognition, In A.M. Galaburda (ed.), *From Reading to Neurons*. Cambridge, MA: MIT Press.

Galaburda, A.M. 1990, The Testosterone Hypothesis Assessment Since Geschwind and Behan, *Annals of Dyslexia*, 30, 18-38.

Geschwind, N. 1982, *Biological Foundations of Dyslexia* – Paper presented to B.P.S. Cognitive Psychology Section conference in Dyslexia, Manchester.

Goddard, Sally 1994, *Reflexes – the basis of Education*, The Institute for Neuro-Physiological Psychology.

Hinshelwood, J. 1990, Congenital word-blindness, *Lancet, 1,* 1506-1508.

Huxley, A. 1994, *Doors to Perception*, ISBN 000654731 1.

International College of Applied Kinesiology 1988, Collected papers. *Proprioceptive Challenge,* Tim Normanton, David Melrose and Mark O. Mathews.

International College of Applied Kinesiology 1991, Collected papers. *New Normal Diagnosis and Treatment*, Mark O. Mathews.

International College of Applied Kinesiology 1992, Collected papers. *A Pilot study on the value of Applied Kinesiology in helping children with learning difficulties*, Mark O. Mathews, Elizabeth Thomas, Lise Court.

International College of Applied Kinesiology 1993, Collected papers. *Ecophilosophy*, Mark O. Mathews.

International College of Applied Kinesiology 1994, Collected papers. *Sequel to Eco-Philosophy*, Mark O. Mathews.

International College of Applied Kinesiology 1995a, Collected papers. *YIN Clearing. A simple screening and treatment procedure for conditions adversely affected by hypertonic muscles*, Mark O. Mathews.

International College of Applied Kinesiology 1995b, Collected papers. *Quantum healing and what if there really is something on the other side?* Mark O. Mathews.

International College of Applied Kinesiology 1995c, Collected papers. *Patient processing procedures – an aid to clinical, patient and practice management*, Mark O. Mathews.

International College of Applied Kinesiology 1995d, Collected papers. *Adaptation – Dr Alan G Beardall – revisited*, Mark O. Mathews.

International College of Applied Kinesiology 1996, Collected papers. *Learning difficulties – Many and various are the kinds of fish in the pool*, Mark O. Mathews.

International College of Applied Kinesiology 1997, Collected papers. *The Sunflower Trust*, Mark O. Mathews.

International College of Applied Kinesiology 1998, Collected papers. *Reconciling conventional research designs with holistic healing, Scientific conundrum*, Mark O. Mathews.

Irlen, H. 1991, *Reading by The Colours*, New York, Avery Publishing Group.

Kolb B. & Whishaw, I. Q ³1990, *Fundamentals of Human Neurophysiology*, W.H. Freeman & Company, New York

Kellmer-Pringle, M.L., Butler, N.R. and Davie, R. 1966, *11 000 Seven Year Olds, Studies in Child Development*, London: Longmans.

Kerr, I.M. (Editor) 1978, *The neuro-biological Mechanism in Manipulation Therapy*, ISBN 0-306-31130-X.

Krebs, Charles T. *Lernsprünge* VAK Verlags GmbH Kirchzarten

Mathews, Mark O. 1993, Can Dyslexic Children be helped by Applied Kinesiology? *The Journal of the New Zealand Register of Osteopaths*.

Mathews, Mark O. 1997, A combined approach to treatment of learning difficulties, *Early Child Development and Care*, 137, 111-122.

Mathews, Mark O., and Thomas, Elizabeth 1993, A pilot study on the value of Applied Kinesiology in helping children with learning difficulties, *British Osteopathic Journal*, XII.

Mathews, Mark O. *The Sunflower Method*, The Sunflower Trust, Guildford GB

Myklebust, H.R. (ed.) 1978, *Progress in Learning Disabilitys Vol. IV*, New York: Grime and Stratton. Orton, S.T. 1925, Word blindness in school children, *Archives of Neurology and Psychiatry*, 14, 581-615.

Pert, Candace B., *Moleküle der Gefühle*, Rowohlt Verlag GmbH Reinbek bei Hamburg

Rimland Report 1994, American Speech-Language-Hearing Association.

Rutter, M., Tizard, J. and Whitmore, K. 1970, *Education, Health and Behaviour*, London: Longmans.

Selye, H. 1956, *The Stress of Life*.
Simonton, O. Carl 1992, *Wieder gesund werden*, Rowohlt Taschenbuchverlag, Reinbek bei Hamburg
Simonton, O. Carl 1995, *Auf dem Weg der Besserung. Schritte zur körperlichen und spirituellen Heilung* Rowohlt Taschenbuchverlag, Reinbek bei Hamburg
Snowling, M. 1985, No one discipline has all the information necessary to provide all the service needed for the learning disabled population, In: *Children's Written language Difficulties, NFER,* Nelson Publishing Co. Ltd., a Jointventure of The National Foundation for Education Research in England and Wales.
Stebli, Annabel 1995, *Dancing in the Rain,* ISBN 0-9644838-0-7.
Thomas, P. 1997, Health supplements for children, *Natural Parent.*
Thomson, M. 1984, *Developmental Dyslexia*, London: Whurr Publishers Ltd.
Tizard Report, Dept of Education. *Science 1972, Report of the Advisory Committee on Handicapped Children,* London, HMSO.
Tomatis, A. 1991, *The Conscious Ear,* New York, Station Hill Press.
Wagner, E. and Goldfarb, Sylvia 1996, *How to Stay out of The Doctor's Surgery* An Encyclopaedia for Alternative Healing, ISBN 1 85779 879 1 Carnell Plc, pages 185, 187, 189.
Whiting 1985, *Irlen Syndrome,* Robinson & Mills